François Ruiné

LA

GAUCHE

DESTRUCTRICE

« L'avenir est une porte, le passé en est la clé »
Victor Hugo, *Les Contemplations*

« Faire ce qu'il faut pour que, sans perdre l'équilibre, l'élan se maintienne longtemps »
Charles de Gaulle, *Mémoires d'Espoir*

« Pour changer votre vie, commencez par changer vos habitudes »
Proverbe chinois

© 2024 François Ruiné
Édition : BoD · Books on Demand GmbH,
In de Tarpen 42, 22848 Norderstedt (Allemagne)
Impression : Libri Plureos GmbH, Friedensallee 273,
22763 Hamburg (Allemagne)
ISBN : 978-2-3225-4389-2
Dépôt légal : Novembre 2024

INTRODUCTION

Au crépuscule de ma vie je ne pouvais pas partir sans comprendre clairement que la gauche, *cette gauche-là*, était à l'origine de tous les déboires que la France traverse depuis maintenant plus de 40 ans.

Valéry Giscard d'Estaing avait eu la lourde tâche de succéder à deux monstres sacrés, le général de Gaulle et Georges Pompidou ; il se trouvait pris aux entournures. Ce faisant, j'avais trouvé à tort, avec le recul, que les habits de Président étaient trop grands pour lui. Mal m'en a pris car j'ai fini par céder aux sirènes en faisant partie des électeurs de François Mitterrand le 10 mai 1981.

La gauche a littéralement confisqué tous les pouvoirs sans aucun scrupule et s'est permis tous les excès comme « *le mur des Cons* », et a continué ainsi son opération de destruction : quiconque émettait un avis contraire était voué aux gémonies. Elle a réussi à contaminer la droite qui a fini par agir comme elle. Emmanuel Macron avec son « *en même temps* » n'a fait que continuer sur la lancée de ses prédécesseurs en respectant les réflexes de cette gauche pour arriver au pouvoir.

Il m'aura fallu attendre l'arrêt du Conseil d'Etat, en date du 13 février 2024, *demandant à l'ARCOM de se prononcer sur le respect par CNEWS du pluralisme et de l'indépendance de l'information* pour que je finisse par constater que, face à la gauche, il n'existait plus aucun contre-pouvoir, la gangrène de gauche avait infecté tous les arcanes du pouvoir. J'ai enfin compris pourquoi un grand nombre d'arrêtés municipaux interdisant le port de la burka à la plage avaient été retoqués.

La gauche, telle un raz-de-marée, a tout emporté sur son passage en s'accaparant tous les rouages du pouvoir, elle nous a laissé à sa merci.

LE LEGS

Du général de Gaulle

Le Général apporte une grande stabilité au pays. Il est l'homme de la réconciliation franco-allemande. Grâce aux nouvelles institutions de la Cinquième République, nous sommes loin de ces gouvernements sous la IVème République qui se font et se défont au bon vouloir des parlementaires.

Le Général s'entoure de personnes de grande qualité ; il a recours notamment aux compétences de techniciens, issus des grands corps de l'État, plutôt qu'à des politiques, ce qui lui confère une plus grande notoriété auprès de l'opinion publique. À son arrivée, outre le problème algérien, il s'attellera à l'assainissement des finances publiques.

Pour asseoir sa politique d'indépendance, il se donnera tous les moyens avec l'explosion de la première bombe atomique française, le 13 février 1960, à Reggane dans le Sahara. Elle est le bras armé de sa politique étrangère d'indépendance. La France se trouve propulsée au rang de quatrième puissance mondiale derrière les États-Unis, le Japon et l'Allemagne. C'est le retour de la France sur la scène internationale.

Parmi les figures de proue dont il s'entoure et qui ont marqué leur empreinte :

- Michel Debré, son Premier ministre dirige le groupe de travail chargé de la rédaction de la constitution de la Cinquième République.
- Georges Pompidou, succède à Michel Debré, comme Premier ministre. A ses débuts, il est quasiment inconnu du grand public, mais très vite, son apprentissage est fulgurant. Il montre une capacité d'adaptation et une grande intelligence.
- Valéry Giscard d'Estaing, son tout jeune ministre des Finances, se taille un franc succès avec ses démonstrations didactiques où, marqueur à la main et chiffres à l'appui, il explique de façon très professorale les grands principes de l'Économie. Personne auparavant n'avait procédé de la sorte. Il est pour beaucoup le maître à suivre.
- Couve de Murville, son ministre des Affaires Étrangères. Il est l'archétype du diplomate tel que décrit dans les bons livres. Il deviendra après les évènements de mai 1968 son troisième Premier ministre.
- Pierre Messmer, résistant, le fidèle d'entre les fidèles, son ministre des Armées. Sa rigueur morale et sa rectitude le désignent pour ce poste.
- Edgar Pisani, inlassable ministre de l'Agriculture, fait merveille avec toutes les réformes qu'il entreprend pour moderniser notre agriculture et en faire l'une des toutes premières au monde.

- À l'Éducation Nationale, les ministres se succèdent. L'un d'eux marque son passage par sa durée et ses nombreuses réformes : Christian Fouchet, ministre de l'Éducation nationale de 1962 à 1967.
- Alain Peyrefitte, auteur d'ouvrages retentissants, *« Quand la Chine s'éveillera...le monde tremblera »*, *« Le Mal français »*, *« C'était de Gaulle »*, occupe un certain temps le poste ingrat de ministre de l'Information.
- André Malraux, son inclassable ministre de la Culture. En hommage à Jean Moulin pour le transfert de ses cendres au Panthéon, il prononcera un discours qui restera dans les annales.

On ne peut, bien entendu, passer tous les politiques en revue. Jacques Chirac pointe déjà le bout du nez, comme plus jeune Secrétaire d'État à l'Emploi.

Sous l'impulsion du général de Gaulle et de sa toute nouvelle équipe, la France retrouve son rang et sa grandeur.

Autour du général fourmillent :

- Une pépinière de scientifiques de haut niveau. André Lwoff, Jacques Monod et François Jacob obtiennent le prix Nobel de Médecine en 1965.
- Une pléthore de jeunes hauts fonctionnaires fraîchement émoulus de l'E.N.A. L'école venait

juste de voir le jour en 1945, sous les auspices de Michel Debré, afin de regrouper tous les concours en un tronc commun pour chacun des grands corps d'État et dont la seule ambition est de le servir et de participer activement à la reconstruction de la France. Sans oublier leurs brillants aînés tels Louis Armand, Jacques Rueff, Pierre Guillaumat, Paul Delouvrier, Simon Nora, François Bloch-Lainé (ingénieurs et énarques)
- Des professeurs d'une qualité exceptionnelle.
- Des intellectuels de haut niveau et très écoutés, parmi lesquels figurent Raymond Aron, Gaston Bachelard, Edgar Morin, Jean Paul Sartre, Claude Lévi-Strauss, etc.

Pierre Guillaumat donne les grandes impulsions au nucléaire en faisant de la France une des grandes nations équipées des premières centrales qui se révèlent être un choix judicieux lors des crises pétrolières à venir. Avec Pierre Massé, Commissaire général au Plan de 1959 à 1966, le plan joue pleinement son rôle et suivant l'adage du général de Gaulle, il devient *l'ardente obligation*. Les grandes orientations de la France pour les vingt prochaines années sont ainsi tracées. La France poursuit sa marche forcée vers la modernisation, s'industrialise à tout va.

La France cherche, trouve, innove et produit. Le pays devient compétitif et exporte dans le monde entier son savoir-faire de haute technologie dans les domaines de l'aviation, des transports et des armes. Notre agriculture connaît une transformation sans précédent en favorisant le remembrement, la productivité et, par voie de conséquence, la baisse du nombre d'emplois dans le secteur primaire. Ces emplois, ainsi libérés, permettent d'alimenter le secteur secondaire et le secteur tertiaire en pleine expansion. Le secteur agricole qui représentait 25 % de la population active passe à 13 %.

La personnalité hors du commun du général de Gaulle continue d'occuper les esprits ; tous ceux qui osent encore s'en réclamer de nos jours font bien pâle figure. Le Général est l'un des rares à tenir tête aux Américains en prenant la décision de se retirer de l'OTAN (Organisation du Traité de l'Atlantique Nord) et de s'opposer à l'omniprésence du roi dollar dans le cadre du Gold Exchange Standard.

Ses conférences de presse sont uniques. Le général de Gaulle siégeant, tel un maître d'école, à son bureau dressé sur une estrade pendant que le gouvernement est assis, à sa droite en contre-bas. Il est le premier à mettre en place une telle pratique. Avant l'heure, le Général a compris la redoutable influence des médias.

Le Général donne le *la* à ses conférences en s'adressant aux journalistes. Il est le seul à regrouper les questions et à écarter d'emblée celles qui ne nécessitent pas de réponses pour les raisons suivantes : Jugées inopportunes, inintéressantes ou tout simplement, parce qu'il n'est pas dans son intention d'y répondre.

Le Général, grand orateur, grand acteur avant la lettre, a le goût du théâtre ; ses déplacements à l'étranger font date. Il gouverne par le verbe.

Le 28 mars 1964 à Mexico devant des centaines de milliers de personnes, il prononce son célèbre discours, parlant de l'amitié entre la France et l'Amérique latine. Il termine en espagnol par la phrase suivante : « *...el pueblo Frances y el pueblo Mexicanos marche mos la mano en la mano y viva Mexico* !» (*le peuple français et le peuple mexicain marchent la main dans la main et vive Mexico*) qui provoque un véritable délire.

C'est encore le Général qui, à Phnom Penh au Cambodge où il était invité par le Prince Norodom Sihanouk, prononce, le 1er septembre 1966, dans un stade archicomble de 100.000 personnes, un discours retentissant en faveur de la paix au Vietnam. Les bases de ce qui deviendra la paix au Vietnam en 1973 sont ainsi jetées.

Au cours d'un déplacement à Montréal, le 24 juillet 1967, il défraie la chronique en terminant son discours par un vibrant, « *Vive le Québec libre* » lequel sème la discorde dans les rangs des Canadiens français. Plus tard, le Québec est presque parvenu à l'indépendance en 1995, lors du référendum initié par les souverainistes du Québec ; le non ne l'emportera que de 2 % sur le oui. Le oui aurait provoqué une scission avec l'État fédéral. Toutefois, en 1977 le français deviendra la langue officielle du Québec.

Le général de Gaulle a profondément marqué de son empreinte la vie politique et économique de notre pays, celle de l'Europe, sans oublier sa vision planétaire, que tous ses successeurs exploiteront pendant longtemps. Durant toutes ces années, le général de Gaulle n'a cessé d'œuvrer pour rendre son rang à la France. Le Général aura posé les jalons de la politique étrangère qui sera adoptée par toute une génération d'hommes et de femmes politiques qui n'omettront pas de s'y référer.

Cette politique est empreinte de volonté, de liberté et de continuité. Il est partisan de la détente de l'Atlantique à l'Oural et initiateur de la décolonisation. Il prône la politique de la chaise vide ; en se retirant de l'OTAN, il montre que la France est à même d'assurer son indépendance vis-à-vis des États-Unis. Toute cette politique ne peut se faire sans de solides appuis économiques et stratégiques soigneusement mis en œuvre, avec la modernisation du pays par une politique industrielle bien comprise, à l'origine du renouveau de la France.

Pour la Russie, de Gaulle, à dessein, n'emploie jamais le terme d'U.R.S.S. mais celui de Russie ; son côté visionnaire lui a fait entrevoir que les problèmes viendront des pays musulmans du Caucase et de l'Asie centrale.

C'est sous son égide qu'en 1964 la Chine est reconnue ; la France est ainsi le premier grand pays à faire ce geste.

La participation est encore une idée du Général. Il estimait qu'entre le capitalisme et le communisme il y avait une place pour une participation plus juste en permettant aux salariés de bénéficier de la bonne marche de leur entreprise. La France livre un véritable combat, un vrai défi, qu'elle est à deux doigts de réussir. Malheureusement, elle n'atteindra pas l'objectif que lui a lancé en 1967 Jean Jacques Servan Schreiber dans son célèbre livre « *Le Défi américain* ». L'effort est trop grand et la machine a ses limites, ce sera probablement l'une des causes du soulèvement de mai 1968, plus violent en France que partout ailleurs.

Le 22 avril 1969, le général de Gaulle propose un référendum sur la création de régions et la modernisation du Sénat prévoyant sa fusion avec le Conseil Économique et Social. Une majorité opposée à la mise en place de ce projet de décentralisation l'emporte par 52,4 % des votants. Fidèle à lui-même, et comme il l'a laissé entendre, le général de Gaulle se sent désavoué par le peuple français. Il quitte le pouvoir, le 28 avril 1969, non sans avoir solennellement déclaré : « Je cesse d'exercer mes fonctions de Président de la République. Cette décision prend effet aujourd'hui à midi. »

De Georges Pompidou

Georges Pompidou succède au Général qui nous quitte définitivement le 9 novembre 1970. À cette occasion le Président Georges Pompidou déclare « *sa mort laisse la France veuve* ». Le dernier des grands hommes du second conflit mondial s'en va.

Qui mieux que Georges Pompidou, deuxième Président de la Cinquième République, est à même de poursuivre l'œuvre accomplie par le Général. Il amplifie la poursuite de la modernisation de la France, par une politique industrielle audacieuse. L'entreprise est le pivot et le symbole du renouveau de la modernisation gaullienne de la France des années 1960 ; le président Pompidou parachève ce renouveau en faisant entrer définitivement la France dans l'ère industrielle.

L'entreprise devient le bras armé de la politique industrielle française et le partenaire incontournable pour maintenir le pays dans le peloton de tête. Pour mener à bien sa politique industrielle il encourage la naissance de grands groupes afin que la France devienne compétitive face au monde extérieur. Quatre grands axes sont privilégiés : les transports, l'énergie, la constitution de grands groupes industriels et l'agriculture.

Pour les transports, avec le train c'est la naissance du TGV dont le premier prototype sort des ateliers d'Alstom de Belfort le 4 avril 1972, suivi en 1974 par la construction de la première ligne de TGV entre Paris et Lyon. La société Alstom, fabriquant des TGV, accroît sa taille en absorbant en 1972 la société Brissonneau et Lotz puis en 1976 la Compagnie Électromécanique. En 1976 Alstom devient également propriétaire des chantiers de l'Atlantique. La création de ce groupe entre dans la logique de la politique prônée et érigée par le gouvernement.

Toujours dans le domaine des transports, en ce qui concerne l'aviation, l'Aérospatiale, fruit de la fusion de Sud Aviation et de Nord Aviation, crée un G.I.E. (Groupement d'Intérêt Économique) avec Deutsche Airbus en 1970 pour la construction des futurs Airbus. À ce G.I.E. viennent se joindre l'espagnol CASA en 1971 et British Aerospace en 1972. Avec le Concorde, la coopération franco-britannique donne naissance au premier avion de transport supersonique dont le premier vol a lieu en 1969. L'exploitation commerciale commence le 21 janvier 1976 entre Paris et Rio de Janeiro, via Dakar ; les vols du Concorde vers les États-Unis n'ayant pas été autorisés par les Américains qui considèrent le supersonique comme trop bruyant et trop gros consommateur de kérosène. La maîtrise de l'air est entre les mains des Américains avec Boeing et Mac Donnell

Douglas. Airbus, qui n'en est qu'à ses débuts se révélera d'une efficacité redoutable.

Dans le domaine de l'énergie, le développement du nucléaire est encouragé afin de rendre la France moins dépendante pour l'approvisionnement de ses ressources énergétiques. La première centrale à neutrons rapides, Phénix, est mise en service le 15 mars 1973 à Marcoule, première des 58 centrales nucléaires dont la France sera dotée.

C'est aussi la constitution de grands groupes dans les secteurs clés de l'industrie ; parmi les groupes les plus marquants, Schneider qui abandonne progressivement l'armement pour se tourner vers la construction, la sidérurgie et l'électricité. Thomson Brandt, en 1969, fusionne avec la Compagnie Générale de Télégraphie sans Fil pour créer Thomson-CSF qui conclut ses premiers grands contrats avec les pays du Moyen-Orient.

L'agriculture et son corollaire, l'industrie alimentaire, se développent de façon intensive par la mécanisation et l'utilisation d'engrais et de pesticides.

Ainsi armée, la France peut, avec ses entreprises de pointe, rivaliser sur le plan international. C'en est ainsi fini de l'isolement. La France peut commencer à entrevoir des jours meilleurs avec une balance commerciale excédentaire. Georges Pompidou peut ainsi dire : « *Chère vieille France ! La bonne cuisine ! Les Folies Bergères !*

Le gai Paris ! La haute couture ! C'est terminé ! La France a commencé et largement entamé une révolution industrielle ». C'est avec Georges Pompidou et son Premier ministre, Pierre Mesmer, que le budget est en équilibre en 1973.

Georges Pompidou, gravement malade, ne peut aller au terme de son mandat et décède le 2 avril 1974.

Avec le départ du Général, suivi par la mort prématurée de Georges Pompidou, c'est la fin du grand bond au cours duquel La France a su opérer un redressement et une transformation sans précédent avec la modernisation de notre agriculture et la constitution de grands groupes industriels capables de rivaliser à l'extérieur. Avec un taux de croissance inégalée, un chômage quasiment inexistant.

C'est l'apogée de la France qui a su remettre de l'ordre dans ses finances avec un budget en équilibre.

Au début de l'après-guerre, la France se caractérise par un équilibre avec un tiers de ses effectifs employés dans chacun des secteurs, primaire, secondaire et tertiaire. Son ouverture sur le monde extérieur est faible : son commerce extérieur ne représentait que 10 % du P.I.B., sa balance commerciale est très déficitaire avec un taux de couverture de seulement 20 % !

En 1970, les données sont totalement inversées, le secteur primaire ne représente plus que 13,6 % de ses effectifs employés, le secteur secondaire 40,8 % et le secteur tertiaire 45,6%. Quant au commerce extérieur, il représente 17,5 % du P.I.B. et son taux de couverture atteint désormais 92 %, donc légèrement déficitaire, mais sans aucune mesure avec les années « *45* ».

Le Produit Intérieur Brut (P.I.B.) est multiplié par six, avec un taux de croissance moyen de 5,5 %, des années 1960 à 1970, lequel est supérieur à celui des États-Unis qui oscille entre 4,6 % et 3,6 % ; supérieur à celui de la République Fédérale d'Allemagne avec un taux variant de 3,9 % à 5,3 %, et supérieur également au Royaume-Uni qui n'a qu'un taux de croissance de 2,9 % à 3,4 %. Seul, le Japon se distingue en faisant la course en tête avec des taux de croissance de 10,2 % et 9,5 %

C'est un « *grand bond en avant* » que vient d'accomplir la France. À l'étranger, la langue française est parlée par bon nombre de pays européens. L'Université Française est reconnue comme étant de grande qualité et accueille un grand nombre d'étrangers. En matière d'aide au développement, la France montre l'exemple, en consacrant près de 1 % de son produit national brut pour l'aide aux pays sous-développés sans contrepartie. C'est le montant, auquel se sont, en principe, engagés les pays développés en faveur des plus démunis, une fois la reconstruction de l'Europe achevée grâce à l'aide du Plan Marshall.

L'Intermède VGE

À l'issue d'une campagne âpre et difficile, Valéry Giscard d'Estaing l'emporte en mai 1974 sur François Mitterrand, non sans avoir éliminé son rival, Jacques Chaban-Delmas au premier tour. Troisième Président de la Cinquième République, Valéry Giscard d'Estaing, fringant ministre des Finances sous les gouvernements de Georges Pompidou de 1962 à 1966 et de 1969 à 1974, de Jacques Chaban-Delmas et de Pierre Messmer, tous deux Premiers ministres sous la présidence de Georges Pompidou.

Valéry Giscard d'Estaing, plus communément appelé VGE, a quelque peu déçu ; bien que novateur dans certains domaines, il ne parviendra pas à se faire réélire.

Le nouvel habit de Président dans lequel il s'engonce n'est pas fait pour lui. Mal à l'aise, il essaiera par tous les moyens de jouer le français moyen pour se montrer en phase avec le peuple, jouant de l'accordéon, s'invitant à dîner dans des familles bien franchouillardes. Cela ne passe pas ; à vouloir trop en faire il échoue, y compris en présentant ses vœux au coin du feu avec la présence de son épouse Anne-Aymone.

Pourtant, c'est sous son magistère que des femmes de valeur ont été appelées et des réformes d'importance menées. L'interruption volontaire de grossesse (IVG) est défendue avec brio, en 1975, par Simone Veil, ministre de la Santé.

C'est également la nomination de Françoise Giroud, au nouveau Secrétariat d'État à la Condition féminine et c'est aussi l'abaissement de l'âge de la majorité de 21 ans à 18 ans.

Malheureusement, sous son ère, sonne le glas des trente glorieuses. La croissance continue mais à un rythme plus faible. Elle diminue de moitié et n'est plus que de 2,8 % de 1973 à 1979, même moins, 2,1 % à partir de 1979. Le chômage encore minime, fait son apparition avec en 1974, 420.000 chômeurs soit 2, 7 % de la population active, pour atteindre très rapidement dès 1975 le seuil des 500.000 sans emplois. Jacques Chirac, son Premier ministre en 1974, prétend que dépasser le chiffre fatidique des 500.000 chômeurs, c'est l'explosion. Ayant participé aux accords de Grenelle, il prend peur et met tout en œuvre, du moins le croit-il, pour limiter le caractère exceptionnel du chômage. Les premières mesures consistent à mettre en place une indemnité couvrant la totalité de la perte du salaire, voire une indemnisation allant jusqu'à 120 % du salaire pour prendre en compte les coûts de formation nécessaires à une reconversion. Loin de stopper son hémorragie, ces premières mesures n'auront aucune incidence sur la baisse du chômage. La plupart des mesures préconisées traduisent davantage un colmatage de brèche qu'une véritable analyse de ses causes. C'est le début des mesures dispendieuses mises en place pour le vaincre, mais rien n'y fera, le chômage devient endémique.

Jacques Chirac devant l'indifférence et la soi-disant non-information de son Président démissionne, Raymond Barre lui succède. La langue de bois n'est pas son fort, il conserve la rigueur qui le caractérise. Il s'est employé à juguler l'inflation, à tout mettre en œuvre pour une gestion saine des finances publiques.

C'est avec la même volonté qu'il redresse les finances de l'État français. Raymond Barre veille également à ce que l'échelle des salaires dans l'entreprise reste dans des limites acceptables : le plus haut salaire ne devant pas être huit fois supérieur au salaire le plus bas, on est bien loin de ce que l'on peut constater aujourd'hui !

Toutes les tentatives de VGE demeurent vaines ; se croyant supérieur, il finit par se comporter avec une arrogance qui lui sera fatale. À son corps défendant, ce Président, mal aimé des Français, succédait à deux monstres sacrés, le général de Gaulle et Georges Pompidou qu'il était difficile d'égaler.

MAI 68 : LES PRÉMICES

Les Faits : Rappel des Évènements

Sur le plan international, des mouvements étudiants se développent, un peu partout, pour vilipender l'impérialisme américain dans la guerre du Vietnam. Des groupuscules vont éclore çà et là : en Italie avec ce qui deviendra plus tard « *les brigades rouges* » et en Allemagne avec « *la fraction armée rouge* » qui sera suivie par « *la bande à Baader* ».

En Tchécoslovaquie, Alexandre Dubcek, en arrivant au pouvoir en janvier 1968, introduit le socialisme à visage humain qui prône davantage de liberté. Cela débouche sur « *le Printemps de Prague* », une tentative de révolte contre le joug soviétique. Ce Printemps reste sans lendemain. Il est très vite balayé par l'arrivée, dans Prague, des chars soviétiques le 21 août 1968. Personne ne veut courir le risque de revivre les évènements de Budapest, encore présents dans tous les esprits. Malgré tout, ce soulèvement laissera des traces, puisqu'un peu plus tard, le 16 janvier 1969, Jan Palach, jeune étudiant tchèque, s'immolera par le feu sur la place Venceslas à Prague ; ses obsèques seront suivies par une foule immense massée tout au long du parcours du cortège funèbre.

Aux États-Unis, le campus de Berkeley est le lieu de mouvements qui demeurent sans lendemain. En France il ne se passe apparemment rien. En fait, la guerre du

Vietnam est, à bien des égards, à l'origine de nombreuses manifestations et prend en France une acuité particulière avec l'ouverture à Paris de la conférence de la paix pour le Vietnam. L'ouverture de cette conférence est l'occasion de manifestations estudiantines contre les États-Unis.

En France la nouvelle faculté de Nanterre, construite à proximité des bidonvilles, était en ébullition permanente depuis la rentrée universitaire 1967/1968. Le mouvement du 22 mars naît à la suite de l'occupation de la Tour Centrale administrative de Nanterre pour réclamer la libération d'un étudiant du CVN (Comité Vietnam National) arrêté lors de la manifestation antiaméricaine du 20 mars en faveur de la paix au Vietnam. Le mouvement du 22 mars, à caractère libertaire, naît avec Daniel Cohn Bendit comme leader. L'UNEF (Union Nationale des Étudiants de France) et le SNESUP (Syndicat National de l'Enseignement Supérieur) viendront le rejoindre. Pierre Viansson-Ponté, pourtant si prompt à faire d'excellentes analyses de situation, écrit dans Le Monde, dans son éditorial daté du 30 avril 1968, « *la France s'ennuie* ». L'agitation des étudiants à la Faculté des Lettres de Nanterre devient quasi-permanente, les incidents se multiplient et finissent par l'occupation de la Faculté. Face à cette situation, le recteur Jean Roche ordonne, le 2 mai 1968, la fermeture de l'Université. Dès lors, cette fermeture met le feu aux poudres ; tout s'accélère à une vitesse incroyable ; en réaction, la Sorbonne, symbole de l'université française, est occupée. Son évacuation est ordonnée et provoque de nombreux affrontements avec la police. Les parents des étudiants, dans une quasi-unanimité, s'offusquent, crient au scandale, à la provocation de la police et des CRS qui ont osé frapper leurs enfants. L'impact est d'autant plus important que, depuis la fin de la guerre d'Algérie, pareille manifestation ne s'était pas produite.

Les gauchistes de l'époque appartenaient, plus prosaïquement, à la mouvance révolutionnaire. Ils œuvrent en faveur d'une révolution en France, prêts à la fomenter dès que l'occasion s'en présentera. Pour eux, les blocages de la société française sont propices à la révolution. Ils sont les dignes continuateurs d'une tradition bien française : l'atavisme révolutionnaire. Pris de court, ils comprennent que, même non complètement préparés, il faut passer à l'acte. Il s'agit là d'une opportunité sans précédent. Ils se lancent dans l'action. Le 6 mai, sont érigées les premières barricades, d'autres suivent de plus en plus hautes, les heurts deviennent de plus en plus violents, suivis de l'incendie d'un grand nombre de véhicules. Dans la nuit du 10 au 11 mai, les rues se couvrent de barricades, la plus importante étant celle de la rue Gay Lussac. Cette nuit, baptisée *Nuit des Barricades*, prend un aspect totalement insurrectionnel ; Paris se réveille au petit matin dans l'incrédulité totale. La rue Gay Lussac est jonchée de véhicules incendiés, d'arbres endommagés, de grilles de protection d'arbres et des amas de pavés qui forment ainsi les éléments constitutifs de la barricade.

Avec l'apparition des premières barricades, les étudiants ont trouvé leurs leaders : Daniel Cohn-Bendit, le libertaire animateur du mouvement du 22 mars, Alain Geismar, le Président du SNESUP et Jacques Sauvageot, le Président de l'UNEF. Ils savent à merveille manipuler les étudiants, exercent une grande fascination auprès de tous les médias, journaux, radios et télévisions. Ils deviennent la coqueluche des évènements de mai, les révolutionnaires attitrés. Le slogan « ***CRS* = *SS*** » est scandé. L'excitation gagne et devient permanente. Les barricades s'érigent çà et là dans les rues de Paris. Les reporters attisent le feu ; en circulant à bord de leurs motos, ils précisent les lieux où se produisent les manifestations. En écoutant la radio, des étudiants, pour ne pas demeurer en reste, quittent leur domicile pour assister au spectacle ; pris par le feu de l'action, ils participent activement, avec leurs camarades déjà présents, à un évènement capital : La Révolution !

Le gouvernement de Georges Pompidou et le général de Gaulle ne mesurent pas la portée de tels évènements. Peu nombreux sont ceux qui sont à même d'en appréhender la signification. Le Premier ministre, Georges Pompidou en déplacement en Iran, puis en Afghanistan, n'annule pas pour autant son déplacement.

Le mouvement continue de prendre de l'ampleur, il gagne le monde du travail, avec la grève générale lancée le

13 mai, date symbole de la prise du pouvoir par le général de Gaulle, le 13 mai 1958. La mobilisation est massive avec une foule évaluée selon certains à 800.000 personnes. Les manifestants brandissent des banderoles avec l'inscription : « *10 ans, ça suffit !* ». Ce slogan prend encore plus d'acuité lors de l'intervention radio diffusée du général de Gaulle le 13 mai au soir. Las, le Général d'habitude si prompt à gouverner par le verbe fait un discours qui s'avère être un grand flop. Il démontre manifestement qu'il n'a pas compris. Pourtant, nombreux sont ceux qui attendaient ce discours avec une grande ferveur. Pour aggraver cette incompréhension, le Général n'annule pas son voyage officiel en Roumanie, prévu le 14 mai 68. Il est contraint de l'abréger et rentre précipitamment le 18 mai. Rien n'y fait, le feu se ravive, les Français sont dans leur grande majorité désorientés. Face à une telle situation, Georges Pompidou, dès le retour de son voyage officiel en Afghanistan, ordonne, le 14 mai, la réouverture de la Sorbonne, immédiatement envahie et baptisée « ***Commune libre*** ». À l'intérieur règne la « *chienlit* » suivant l'expression du général de Gaulle. La dégradation, la saleté, la grande révolution sexuelle prennent leur quartier à la Sorbonne. Tout va désormais de plus en plus vite. À l'invasion de la Sorbonne, succède celle de l'Odéon-Théâtre de France où les assaillants se livrent à une bataille en règle en réduisant costumes et décors en charpie. La compagnie Renaud-Barrault, dépassée par les évènements, a laissé faire comme

beaucoup de gens du spectacle. Elle est portée par cette vague anarchiste avec, par certains côtés, un aspect plutôt sympathique. L'Odéon devient le lieu où tout un chacun peut se livrer en spectacle, faire son spectacle. On s'invective d'une loge à l'autre, on déclame, on vitupère ; certains s'y croient vraiment en se livrant à de véritables spectacles dantesques ! C'est hallucinant ! Le spectacle est permanent, il y en a pour tous les goûts. Ceux qui déclament ou s'apostrophent trouvent un auditoire qu'ils n'auraient jamais espéré. Le laxisme ambiant commence à faire son œuvre.

Dans les rues de Paris, on assiste à un grand défoulement, les quidams se saluent, s'apostrophent, engagent la conversation et discutent, la parole s'en trouve libérée. Ils donnent l'impression de souffler après tous les efforts consentis, de se libérer d'un carcan, comme si jusqu'à présent ils n'avaient jamais cessé d'être oppressés. Au même moment, de nombreux journalistes emboîtent le pas, se mettent en grève, se joignent au mouvement de protestation des étudiants en les assurant de leur soutien. Ils sont suivis par le sabordage du festival du cinéma à Cannes décrété par François Truffaut, Jean-Luc Godard et Claude Lelouch. Tout se passe désormais comme si une traînée de poudre s'était répandue sur la France ; les évènements s'enchaînent les uns à la suite des autres et toujours de plus en plus vite. Les usines Renault de Cléon, de Flins, de Billancourt, bastions de la CGT, du syndicalisme pur et dur et du symbole des luttes sociales, décrètent la grève. Le 20 mai, les transports leur emboîtent le pas et se mettent également en grève. Tout fait tâche d'huile ; le mouvement parti de Paris gagne la Province ; des villes comme Bordeaux, Nantes, Toulouse et Lyon sont à leur tour prises dans la tourmente. À Lyon, les usines Berliet et Rhodiacéta suivent le mouvement. À partir du 20 mai, la paralysie est presque totale. L'essence se fait rare, la source d'approvisionnement se tarit rapidement. Les vélos remisés dans les caves font leur réapparition. L'activité économique s'arrête. À Lyon ont lieu les incidents les plus violents ; les évènements dégénèrent, un mort est à déplorer parmi les forces de l'ordre. Les manifestants s'emparent d'un car de police, bloquent l'accélérateur et le lancent sur les forces de l'ordre ; le camion devenu fou termine sa course en écrasant l'un des policiers.

La France est désormais coupée du reste du monde ; personne ne rentre et personne ne sort. Dans les ministères, c'est le sauve-qui-peut ; on assiste à une véritable débandade. Les bruits les plus extraordinaires circulent, certains ministres auraient déjà quitté le gouvernement pendant que d'autres s'apprêteraient à mettre au pilon une grande partie des documents. Le gouvernement de Georges Pompidou donne des consignes très strictes pour éviter tout débordement. L'attitude du préfet de police de Paris, Maurice Grimaud, est exemplaire. Il décide de rester auprès de ses hommes pour éviter, dans la mesure du possible, tout affrontement, tout débordement entre les forces de l'ordre et les étudiants. Les forces de l'ordre restent impavides et ne réagissent qu'au dernier moment. Paris se couvre d'affiches et de slogans de toute sorte comme : « *l'imagination au pouvoir* », « *ce n'est qu'un début, continuons le combat* », « *CRS avec nous* », et le célèbre « *il est interdit d'interdire* ».

Les affrontements reprennent de plus belle. Le 23 mai, de nouveaux heurts ont lieu, suivis le 24 mai par de nombreux incidents à la gare de Lyon, avec pour terminer, l'incendie de la Bourse, temple du capitalisme.

Le gouvernement est contraint de reporter au mois de septembre les examens pour toutes les disciplines. C'est exactement ce que désiraient obtenir les étudiants et leurs meneurs : de la part du gouvernement c'est perçu comme un recul indéniable. Les pouvoirs publics sont désemparés, ils ne semblent plus maîtriser les évènements. Pourtant, certains cabinets ministériels déploient une activité intense, c'est le cas du ministère de l'Industrie et du ministère du Travail. Georges Pompidou décide l'ouverture de négociations avec les forces vives de la nation : ce sont les Négociations de Grenelle avec la participation du C.N.P.F. (Conseil National du Patronat Français) et des syndicats dits ouvriers.

Le 25 mai, Georges Pompidou ouvre les négociations au ministère du Travail, avec l'aide de Jacques Chirac, son tout jeune secrétaire d'État à l'emploi, nommé à ce poste en 1967 ; c'est la peur au ventre qu'il s'y rendra avec un revolver dans la poche. Tout semble indiquer qu'il est temps d'en finir, tout le monde a hâte d'aboutir à un accord. Le 27 mai 1968, les accords de Grenelle sont scellés ; ils entérinent une augmentation générale des salaires de près de 10 % et la réduction de la durée de la semaine de travail à 40 heures. Ces accords seront à l'origine de la dévaluation du franc en 1969, ce qui ne s'était pas vu depuis 1958. Le même jour, à Paris, une grande manifestation est prévue au stade Charléty. Les bruits les plus fous circulent. Aux dires de certains, les manifestants viendraient armés et n'hésiteraient pas à tirer sur la foule, tandis que, dans le même temps, sont colportés des rumeurs suivant lesquelles les CRS se seraient ralliés aux manifestants. En fait, le soir de cette manifestation, il ne se passe rien, hormis la présence d'hommes politiques de l'opposition dont Pierre Mendés-France poussé en avant par l'habile François Mitterrand. La grande inquiétude est venue des syndicats qui ont scandé : « *À bas Séguy* », « *Séguy démission* », « *À bas de Gaulle* ». Ces slogans font craindre un instant que les accords de Grenelle obtenus à l'arraché soient remis en cause. Ils démontrent en tous cas que les syndicats sont dépassés par leur base.

Si au début, l'esprit bon enfant prédomine, une certaine lassitude commence à poindre, mêlée d'une peur diffuse. Les politiques et non des moindres, comme François Mitterrand, voient là une occasion inespérée de prendre le pouvoir. C'est aussi l'occasion pour lui de se montrer à Sciences-Po., vêtu d'un pull-over rouge. L'occasion est trop belle pour chasser le général de Gaulle du pouvoir. La Cinquième République a dix ans. Pour beaucoup, les institutions sont taillées à la mesure du Général. Le 28 mai 1968, François Mitterrand déclare : « *il convient dès maintenant de constater la vacance du pouvoir et d'organiser la succession* ». Il propose le nom de Mendès France pour former le gouvernement provisoire et annonce qu'il est candidat à la présidence de la République, au cas où une élection anticipée aurait lieu.

Le 29 mai, coup de théâtre, le général de Gaulle ajourne le conseil des ministres en se rendant à Colombey-les-Deux-Églises et disparaît soudainement. Il est allé rendre visite au général Massu, stationné en Allemagne. Tout ceci ne se saura que plus tard. Une certaine crainte anime les Français qui ressentent le besoin d'un père, lors des moments difficiles. Ils se retrouvent brusquement seuls, laissés à eux-mêmes, désemparés, sans savoir ce qu'il va advenir. En même temps, Michel Debré et André Malraux, fidèles parmi les fidèles du Général, préparent une grande manifestation pour le 30 mai 1968. Ce jour-là, le général de Gaulle de retour à Paris s'adresse à la nation. Après avoir semé le doute par son escapade du 29 mai, il a, d'entrée de jeu, rassuré les Français par son retour que d'aucuns n'osaient plus espérer. S'adressant à la nation, le général de Gaulle fait une allocution qui ne laisse place à aucune tergiversation. Il annonce, de sa voix ferme et sûre, la dissolution de l'Assemblée nationale, l'organisation de nouvelles élections les 23 et 30 juin 1968. Je retrouve le Général des grands moments : il a repris la maîtrise des évènements. L'effet est immédiat ; le 30 mai 1968 on assiste à un déferlement, véritable raz-de-marée humain sur les Champs Élysées ; c'est une manifestation d'une ampleur sans précédent. En tête du cortège, Michel Debré et André Malraux entraînent la foule depuis la Place de la Concorde jusqu'à l'Arc de Triomphe.

Au ministère de l'Industrie, après les accords de Grenelle, l'activité est intense ; tout est mis en œuvre pour permettre aux Français, à court de carburant de se ravitailler auprès de leurs stations-service. Des convois de camions-citernes sont ainsi dépêchés pour alimenter les pompes. Nos dirigeants ont compris qu'en approvisionnant les stations-service en carburant, ils procurent un ballon d'oxygène ; après un mois de grèves et d'émeutes, cela redonne un peu de souffle aux grandes villes, en particulier à la capitale. On ouvre ainsi les vannes pour permettre à tout un chacun de retrouver sa liberté.

Après la manifestation du 30 mai, l'essence coule à flots, les Français n'aspirent qu'à une chose, prendre le large ; c'est de surcroît le week-end de Pentecôte, le premier grand week-end qui inaugure la saison d'été, le signal de départ des premières grandes migrations. L'inactivité commence à peser sur les ménages ; on assiste alors à une ruée vers des lieux plus sereins. Il fait beau, Paris est déserté. Les Français désirent en finir, l'atmosphère est devenue trop étouffante. Le Général leur redonne pour un temps confiance, leur parle conformément à leur attente. Les évènements de mai sont terminés, ils se sont arrêtés aussi vite qu'ils ont éclos.

Au total, le maximum de précautions a permis d'éviter que cela ne dégénère en carnage. En dépit de violentes manifestations, le nombre de morts à déplorer se réduira à deux : le premier à Lyon (cité auparavant), où un policier est écrasé par une voiture de police lancée par les manifestants ; le second, Gilles Tautin, jeune lycéen mort noyé à Flins, en se jetant dans la Seine, poursuivi par les forces de l'ordre. Ce dernier évènement grave se déroule le 10 juin alors que tout commençait à rentrer dans l'ordre. L'évacuation du Théâtre-National de l'Odéon a lieu le 14 juin, elle est suivie le 16 juin par celle de la Sorbonne. Les élections à l'Assemblée nationale ont lieu les 23 et 30 juin 1968 ; elles se soldent par un raz-de-marée gaulliste.

Les Raisons du Débordement

Hormis la présence et l'activisme des gauchistes, ces évènements n'auraient pu se produire sans la convergence de plusieurs facteurs : la guerre du Viêtnam, la démographie et le plan de stabilisation.

1. La guerre du Viêtnam

Elle a joué entre 1965 et 1968 un rôle catalyseur pour les étudiants et pour les groupuscules contestataires. La guerre du Vietnam sert d'élément fédérateur pour protester contre l'impérialisme américain. Elle est le détonateur, lors des évènements de mai 68, en mettant le feu aux poudres.

Après la guerre d'Algérie, l'anticolonialisme laisse la place à la lutte contre l'impérialisme américain. Elle rassemble des intellectuels de gauche, des groupuscules contestataires d'extrême gauche, des étudiants de l'UNEF. Des comités vont émerger comme le Comité Viêtnam National créé par Laurent Schwartz à l'automne 1966 et le Comité Vietnam de Base créé en 1966/1967. Ces comités avec les comités gauchistes sont très actifs à partir de l'automne 1967 et de l'hiver 1968. Durant cette période, les manifestations d'intellectuels et d'étudiants en faveur de la paix au Viêtnam sont de plus en plus nombreuses et connaissent un succès grandissant. Elles sont accompagnées de répressions sévères par les forces de l'ordre et marquées par de nombreuses arrestations. Ces manifestations sont bien souvent patronnées par le PCF, le PSU, le CVN, le collectif intersyndical universitaire, le SNESUP, l'UNEF. La manifestation du 21 octobre 1967 en faveur de la paix au Viêtnam réunit 35.000 personnes. Du 19 au 21 février 1968, trois jours pour le Viêtnam sont organisés avec le soutien du SNESUP et du CVN ; la manifestation du 21 février est un succès. Celle-ci servira de répétition pour les évènements de mai 68 avec la pose d'un drapeau sur le toit de la Sorbonne ; les boulevards sont rebaptisés ainsi que le lycée Saint Louis. Des slogans préfigurent ceux de mai 68 comme **CRS=SS** et évoquent l'imagination au pouvoir. Les facultés de Nanterre et de la Sorbonne ne cessent de manifester. Le 3 mai l'évacuation des étudiants de la Sorbonne et leur arrestation par la police met le feu aux poudres, elle déclenche l'enchaînement des manifestations dans tout le Quartier latin aux cris de « *libérez nos camarades* ». Les groupuscules gauchistes et les étudiants, aguerris par les préparatifs de l'automne 67 et de l'hiver 68, n'ont plus qu'à s'engouffrer dans la brèche et se jeter dans la bataille avec leurs leaders naturellement désignés : Daniel Cohn Bendit le libertaire du 22 mars, Alain Sauvageot président de l'UNEF et Alain Geismar président du SNESUP.

2. La démographie.

La France est confrontée au baby-boom de l'après-guerre. L'impréparation de nos gouvernants est telle que rien n'avait été prévu au niveau de l'Éducation Nationale pour accueillir et former les baby-boomers qui souffraient d'un manque criant de locaux et de professeurs. C'est une véritable déferlante qui s'abat sur l'enseignement supérieur, d'autant plus que, pour accéder à l'Université, contrairement aux grandes écoles, aucun contrôle n'est imposé : le baccalauréat suffit pour ouvrir l'accès aux portes de l'Université. Toutes les tentatives pour établir un quelconque contrôle à l'entrée des universités demeurent vaines, selon la sacro-sainte idée que tout contrôle conduirait nécessairement à l'instauration d'un numerus clausus. Un tel processus est considéré comme anti-démocratique, voué à l'échec et systématiquement repoussé par les syndicats d'étudiants, à fortiori par les gauchistes. Face à ce raz-de-marée, les jeunes qui vont rejoindre les bancs de l'Université se trouvent désemparés, désorientés. Ils deviennent la proie facile des pseudo-révolutionnaires. Dans une telle ambiance, Ils se jettent à corps perdu dans toutes les manifestations pour empêcher le déroulement des examens. C'est aussi l'occasion de participer à une immense fête autour des barricades qui flambent comme d'immenses feux de joie dans une ambiance de défoulement général.

3. Le Plan de Stabilisation.

Cette explosion sera d'autant plus aisée qu'elle est favorisée par les effets du Plan de Stabilisation. La France, pour retrouver son rang et se faire entendre dans le concert international, se veut irréprochable sur le plan de la gestion de ses finances et s'impose, en 1963, un plan de stabilisation mis en place par son tout jeune ministre des Finances, Valéry Giscard d'Estaing, sous la houlette du général de Gaulle. Ce plan demande aux Français des efforts considérables qui viennent s'ajouter à tous ceux déjà consentis. En effet, la reconstruction qui suit le second conflit mondial, s'accompagne d'un nouvel effort de guerre non négligeable : la guerre d'Indochine immédiatement relayée par la guerre d'Algérie. À peine ces plaies sont-elles pansées que le pays se lance à corps perdu dans la bataille industrielle pour épouser son époque et devenir compétitif. C'est une marche forcée que le général de Gaulle impose à la France. Tout ceci ne va pas sans provoquer quelques remous. La France ne s'ennuie pas, elle a besoin de souffler. L'occasion est trop belle de faire porter le chapeau au général de Gaulle au pouvoir depuis maintenant dix ans. La tentation est trop grande pour l'opposition d'entrevoir la possibilité de renverser le régime et son chef.

Les Conséquences

Après avoir retrouvé son rang et son rayonnement la France amorce son déclin. Deux maux vont la tarauder, l'atavisme révolutionnaire et les avantages acquis. À cela s'ajoute l'effet boomerang de mai 68 ; il est interdit d'interdire devient il est interdit de dire la vérité qui fâche.

Avec Mai 68 c'est la prise du pouvoir par les médias et la gauche. En revendiquant haut et fort que la France est, à l'origine, la gardienne de la Déclaration des droits de l'homme et du citoyen, ce qui en fait sa fierté.

Ce n'est plus Mao et son petit livre rouge qui font recette mais Fidel Castro et, plus encore, celui qui est surnommé le « *Che* » qui n'est autre Che Guevara assassiné en Bolivie en octobre 1967. Les petits bourgeois révolutionnaires se les sont octroyés : cela faisait bien dans leur tableau.

Leurs maîtres à penser sont trotskistes. Ils deviennent les idoles des petits groupes de révolutionnaires.

Mais cette fierté deviendra pesante. La France devient prisonnière de la Déclaration des droits de l'homme et du citoyen. Prise dans ce carcan elle est constamment tournée vers le passé en se rendant coupable et responsable de bien des maux qu'elle s'acharne à porter comme un fardeau ; elle s'interdit de regarder en avant pour songer à l'avenir.

Les avantages acquis sont remis en selle et ne pourront jamais être remis en cause. Face à eux, nos gouvernants demeurent impuissants. De surcroit ces avantages ont reçu le label d'acquis sociaux, ce qui les rend incontournables, intouchables. Dès lors, les réformes, impliquant des modifications dans les habitudes de chacun et des changements d'affectation dans la répartition des ressources, se heurtent à des grèves associées à des mouvements de rue qui ont pour conséquence immédiate de faire battre en retraite les pouvoirs publics ; ceux-ci reportent les réformes aux calendes grecques. Toute velléité de réforme se trouve ainsi vouée à l'échec, tuée dans l'œuf. Mai 1968 reste très présent dans les esprits ; ceux qui nous gouvernent ont toujours cette crainte de voir ressurgir de tels évènements. La France a peur, se méfie et se fige. Le renoncement prévaut. Triste résultat que celui de mai 68 qui a produit une classe de dirigeants plus aptes à renoncer qu'à se battre.

Des réformes, que le bon sens impose, ne verront jamais le jour par suite de violentes manifestations toujours fomentées par les mêmes, faisant abdiquer les gouvernements intimidés par leur violence. Au lendemain de mai 68, la réforme de l'Enseignement Supérieur initiée par Edgar Faure, ministre de l'Éducation Nationale, est bâclée. Elle refuse d'envisager la sélection à l'entrée à l'Université. Toute volonté de se heurter au mammouth sera vouée à l'échec. Le ministre Devaquet, (ministre de l'Éducation nationale dans le gouvernement de Jacques

Chirac) en 1986, en fera l'amère expérience. Sa loi, qui prévoyait une sélection à l'entrée des Universités, ne verra jamais le jour par suite des violentes manifestations, en novembre et décembre 1986, qui seront marquées par la mort de Malik Oussekine.

De même le plan Juppé, du 15 novembre 1995, pour résoudre le déficit sans cesse croissant de la Sécurité Sociale, ne verra jamais le jour, à la suite des longues grèves ourdies par les syndicats qui se livrent à un véritable bras de fer contre le Premier ministre. Force Ouvrière (F.O.) avec à sa tête Marc Blondel, son secrétaire général, patron du tout puissant syndicat des fonctionnaires, remporte le match. Il peut savourer sa victoire, s'enorgueillir d'avoir fait ployer le Premier ministre. Les réformes sont reportées sine die. Le président, Jacques Chirac, désavoue son Premier ministre en refusant de prendre le risque de mettre en œuvre les réformes ; il est effrayé par les manifestations de rues qu'elles ont engendrées. Cet épisode révèle, une fois de plus, l'impuissance de nos politiques face à la rue, face au pouvoir détenu par les syndicats, au sein des grandes entreprises publiques. Ces évènements laissent quelque amertume devant l'impossibilité de mettre en œuvre des réformes que le simple bon sens suggère. Ils ancrent dans les esprits que rien ne peut se faire dès qu'il est porté atteinte aux acquis sociaux.

La pensée soixante-huitarde léguée par les intellectuels de mai 68 et savamment entretenue s'érige comme la seule valable en empêchant l'éclosion d'une vision saine. Gare à vous si vous n'êtes pas de cet avis, vous devenez coupable de tous les maux et vous n'avez plus qu'à vous taire ou vous terrer. Le résultat : les problèmes sont ignorés et passés par pertes et profits. L'abandon prévaut, le laxisme ambiant devient la règle : il devient urgent de ne rien faire...*pas de bruit pas de vague, circulez il n'y a rien à voir*. Des zones de non-droit font leur apparition. On finit par renoncer à tout et s'interdire toute idée qui viendrait contrecarrer le soi-disant politiquement correct. *Il est interdit d'interdire* s'est mué en *il est interdit de dire la vérité qui fâche, la vérité qui blesse*.

Dès lors, la France craint d'affronter les problèmes et se fige ; le laxisme ambiant aidant, tout va à vau-l'eau, le navire prend l'eau et sombre inexorablement vers le déclin. Mai 1968 n'a duré qu'un mois ; pourtant, ce mois a paru long et a laissé bien des cicatrices. Les stigmates, difficilement palpables à leurs débuts, n'en finissent pas de laisser des traces profondes sur la vie politique et économique de notre pays. Les valeurs de respect et de rigueur volent en éclats Toutes les réformes d'importance, provoquant des mouvements de grèves et des manifestations d'envergure, tétaniseront les gouvernements qui ont la hantise de voir ressurgir des évènements analogues à ceux de mai 68. Ils lâcheront prise et renonceront aux réformes, allant parfois jusqu'à annuler sine die des lois votées par le Parlement. Le ressort s'est brisé.

Ces contestataires, enfants de bourgeois, ont vite appris leur leçon en tournant tout en dérision avec des formules chocs. Ils auront également appris qu'il leur faillait tout et tout de suite, avec le sentiment d'être les meilleurs.

A cela il convient d'ajouter que les jeunes parmi les leaders de leur génération ne seront pas à un reniement près en se présentant aux concours des grandes écoles dont ils avaient vilipendé la sélection comme étant contraire à la démocratie et en particulier celui de l'E.N.A. Reçus, ils s'empresseront de faire leur courbette auprès du parti socialiste et de son maître François Mitterrand qui leur donnera les clés du pouvoir.

LA GAUCHE

AU

POUVOIR

Le Président François Mitterrand

En 1981, François Mitterrand, après plusieurs tentatives, la première en 1965 contre le général de Gaulle, la deuxième contre Valéry Giscard d'Estaing en 1974, arrive à ses fins. François Mitterrand, brillant certes, machiavélique certainement, à gauche un peu, à l'origine de toutes les compromissions, à l'image du personnage qui a su naviguer au gré des Républiques, être la victime ou l'initiateur de l'attentat manqué de l'Observatoire en 1959.

Il sera l'un des premiers opposants au 13 mai 1958 et il fustigera, en 1963, le nouveau régime dans un pamphlet brillant et cinglant, « *le coup d'État permanent* » - « *j'appelle le régime gaulliste dictature* », personnifiant de plus en plus l'opposition au gaullisme. Il réussit son premier coup de maître en étant désigné par l'ensemble de la gauche comme son candidat unique à la première élection présidentielle au suffrage universel en 1965. Réussissant à mettre en ballottage le général de Gaulle en obtenant 45 % des suffrages au second tour. Cela lui permet de relancer sa carrière politique.

Pendant les évènements de mai 68, il se rendra à Sciences Po en arborant un pull-over rouge (cf. Mai 68 : Les Prémices). En 1969 le nouveau parti Socialiste succède à la SFIO, François Mitterrand en devient secrétaire et élabore l'union de la gauche (PS, PCF, Mouvement des

Radicaux de Gauche) avec les 110 propositions du programme commun.

Son élection, outre les grandes manœuvres avec le programme commun élaboré avec l'ensemble des partis de gauche, a également bénéficié de trois circonstances favorables :

- VGE, qui avait succédé à Georges Pompidou, n'avait pas réussi à convaincre en dépit des efforts déployés pour s'octroyer la cote du public, ils se révèleront vains, la sauce ne prenait pas. Pourtant avec le recul il était meilleur que ceux qui lui succéderont.

- Jacques Chirac qui détestait VGE a demandé à sa garde rapprochée de voter en faveur de François Mitterrand.

- Dernier et non des moindres, en jouant les pleureuses auprès du public estimant qu'en toute bonne logique démocratique l'alternance était de mise et que son tour était venu.

Son arrivée sonne le glas du gaullisme ; tous ceux qui s'en réclament sont balayés aux élections législatives.

Avec François Mitterrand, c'est l'arrivée au pouvoir des énarques biberonnés par mai 68, dont certains deviendront ministre ou feront partie de sa garde rapprochée comme sherpas. Parmi eux figurent Laurent Fabius, Jacques Attali, Anne Lauvergeon, qui sera la bien nommée *Atomic Anne* lorsqu'elle prendra les rênes de la COGEMA

Il leur faut tout et tout de suite. Ils ont soif de pouvoir. Il est loin le temps où ils étaient au service de l'état, dévoués, œuvrant pour le bien du pays.

Les idées soixante-huitardes font florès dans les médias. Le journal Libération, créé par Jean Paul Sartre et Serge July en 1973, est distribué en kiosque ; il atteint durant les années 1980-1990 ses plus gros tirages. Paradoxalement, l'arrivée de la gauche en France coïncide avec le libéralisme triomphant chez nos principaux partenaires.

Avec François Mitterrand, l'atavisme révolutionnaire reprend le dessus. Son attitude, pendant la Seconde Guerre mondiale, sujette à caution, l'a conduit à prendre des positions qui, sous couvert de reconnaissance d'erreurs de la France, avaient aussi pour objectif de tirer un trait sur un passé qui pouvait apparaître plus que compromettant. Inconsciemment, il ressentait le besoin de se dédouaner, ce qui l'a poussé à reprendre les antiennes révolutionnaires en y ajoutant les acquis sociaux.

François Mitterrand, avec son Premier ministre Pierre Mauroy, met en œuvre le « *Programme commun, tout le programme commun et rien que le programme commun* » accompagné de ses 110 propositions avec pour corollaire la présence de quatre ministres communistes au gouvernement, ce qui ne s'était plus vu depuis la libération. Parmi les mesures phares immédiatement mises en œuvre figurent :

- La nationalisation des grandes entreprises (Thomson-CSF, Pechiney, Suez...) et des grandes banques (Hervet, CIC, CCF, Crédit du Nord, etc.).
- L'attribution de la cinquième semaine de congés payés est accordée.
- Un nouvel impôt l'ISF, Impôt de Solidarité sur la Fortune, est édicté.

C'est l'ère des dépenses sans compter, sans aucun souci, tout doit tomber du ciel et c'est déjà mettre à mal tous les efforts de ses prédécesseurs qui veillaient au grain et qui pour rien au monde auraient accepté de tels dérapages ; c'est le commencement des déficits qui vont croitre au fil du temps. Toutes ces largesses, tous ces cadeaux ont un coût et le déficit budgétaire grimpe de 22 à 31 % de 1981 à 1986.

Le chômage ne fait que croitre depuis ces premières apparitions en 1970, l'arrivée au pouvoir de François Mitterrand se traduit par des mesures complémentaires. Dès 1982 ce sont les mises à la retraite anticipée très coûteuses, loin d'atteindre l'effet escompté en faveur de l'emploi des jeunes. Elles s'avèrent d'autant plus coûteuses que le nombre de retraités ne cesse de croître au vu de la situation démographique. Mais, pire encore, le 1er avril 1983 décision est prise de fixer l'âge de départ à la retraite à 60 ans au lieu de 65 ans. C'est une exception en Europe où le seuil légal est généralement fixé à 65 ans voire 67 ans. Ces mesures font preuve d'un manque de courage. Il est plus facile de lâcher du lest que de tenter de trouver des solutions plus drastiques, mais toujours éludées par crainte des rétorsions de la rue. C'est l'abandon et le toujours plus de François de Closets qui prévalent. Si, à ses débuts, le chômage ne représente qu'un montant limité de 2,2 % de la population active, il ne cessera de croître pour atteindre 10 % en 1984 et, loin de se résorber, il finira par dépasser les 3 millions de chômeurs en 1993, soit plus de 12 % de la population active, faisant de la France l'un des pays les plus mal lotis au sein de l'Union européenne, et en très mauvaise posture par rapport aux États-Unis dont le taux de chômage tourne autour des 5 à 6 % de la population active.

François Mitterrand a entr'ouvert la boite de pandore qui donne lieu à tous les excès et plus rien ne s'arrêtera. Avec l'arrivée de la gauche au pouvoir, en participant au gouvernement le parti communiste français (PCF), pris en otage, s'effondre. Le PCF ne peut plus dès lors servir de bouc émissaire pour justifier la conservation des acquis sociaux, et renoncer à toute transformation de la société : jusqu'alors la présence d'un PCF fort avec plus de 20 % d'électeurs aux élections législatives, avait servi d'alibi et de frein à toute modernisation. Il n'en sera rien, malgré la déliquescence du PCF, encore accrue avec la chute du mur de Berlin en 1989, qui aurait dû ouvrir les yeux à nos soixante-huitards attardés, la gabegie ne fera que continuer.

Le Président François Mitterrand après la mise en place des mesures phares, nationalisations et réductions du temps de travail, semble hésiter, se cherche entre la sociale démocratie et le libéralisme. Il nomme alors en 1984 Laurent Fabius tout jeune Premier ministre de quarante ans, le plus jeune que la France ait connu depuis les débuts de la Cinquième République. Il fait partie de la jeune clique des soixante-huitards.

Lors des élections législatives de 1986, la droite l'emporte, Jacques Chirac, nommé Premier ministre, succède à Laurent Fabius.

Avec Jacques Chirac, est inauguré le premier gouvernement dit de cohabitation de la Cinquième République. Cette cohabitation fait date et se reproduira à deux reprises en 1993 et en 1997. Avec le premier gouvernement de cohabitation de Jacques Chirac, c'est l'occasion de remettre en cause les nationalisations. Les entreprises et les banques après avoir été nationalisées sont dénationalisées, voire pour certaines privatisées, c'est le cas de celles qui avaient été nationalisées à la libération. Après avoir été nationalisées, non sans représenter un coût exorbitant pour les finances de l'Etat, ces entreprises en perdent, pour certaines leurs raisons d'être, pour être remises entre les mains de jeunes énarques, issus de la gauche, sans aucune expérience industrielle.

Tout semble apparemment figé dans le paysage français. Il faut cependant nuancer ces propos, c'est sans compter sur les commémorations dont le Président est friand surtout lorsqu'elles le mettent en scène. C'est le cas, le 22 septembre 1984, lorsque le Président François Mitterrand et le chancelier Helmut Kohl commémorent à Verdun le souvenir des soldats Français et Allemands tombés pendant la Première Guerre mondiale. À cette occasion le « *petit* » François Mitterrand donne la main au « *colosse* » Helmut Kohl. Cette image est un symbole fort, pouvant faire croire au monde, le caractère indissoluble du couple franco-allemand au sein de l'Europe. Ensuite, deux grandes commémorations auront lieu celles du cinquantenaire du 6 juin 1944 et le bicentenaire de la révolution de 1789. En février 1992 avec l'organisation des Jeux Olympiques d'hiver à Albertville, la magie opère grâce à une organisation parfaite, une mise en scène originale que l'excellent Philippe Decouflé a orchestrée pour les cérémonies d'ouverture et de clôture des Jeux Olympiques. Bol d'air frais, qui vient à point nommé. Il démontre les possibilités et la vitalité dont le pays est encore capable.

La chute du mur de Berlin le 9 novembre 1989 prend François Mitterrand de court. Très rapidement il réagit en proposant à l'Allemagne de respecter la frontière Oder Neiss et la mise en place d'une monnaie commune l'Euro.

Il proposera la création de la Banque Européenne de Reconstruction et de Développement sur une idée de Jacques Attali. Cette banque est le pendant de la BIRD (Banque Internationale pour la Reconstruction et Développement) organisation de la Banque Mondiale. Par ce biais il désirait démontrer l'indépendance de l'Europe vis à vis des États Unis. Inaugurée le 15 avril 1991, avec son siège à Londres. Jacques Attali en sera son premier Président. Dès 1993, deux ans après sa création, de nombreuses critiques viennent sanctionner les dépenses de la banque, La gestion de Jacques Attali est pointée du doigt, il quitte son poste en 1993 après les nombreuses révélations sur son train de vie et le mode de gestion, contesté, de son établissement.

Très vite les nuages vont s'assombrir. La très grande tolérance de la gauche qui refuse de prendre position lorsqu'éclate l'affaire, en octobre 1989, du port du foulard au collège de Creil. Ce qui allait devenir un fait structurant du débat sur la laïcité a commencé par un rappel au règlement, adressé à trois collégiennes de 4ème et 3ème qui gardaient leur voile, noué sous le menton, en classe. Jusque-là, ces fichus présents ici et là au cou de quelques écolières n'avaient jamais fait parler d'eux. Le principal du collège décide en cette rentrée 1989 de ne pas laisser passer ce qu'il juge comme un coup de boutoir contre la laïcité. Il convoque les jeunes filles, saisit le conseil d'administration, écrit aux familles qui campent sur leur position.

Consulté en novembre 1989, le Conseil d'État affirme que l'expression des convictions religieuses « tant *qu'elle ne constitue pas un acte de pression, de provocation, de prosélytisme ou de propagande, tant qu'elle ne perturbe pas le déroulement des activités, elle ne peut être interdite à l'école* ». Les enseignants reçoivent une directive leur laissant l'entière liberté de décider s'ils acceptent ou non le port du voile en classe. C'est la première entorse de la laïcité avec l'aval du Conseil d'État. Pourtant ce n'est pas faute d'avoir été alerté par des intellectuels et non des moindres tels qu'Elizabeth Badinter, Alain Finkielkraut, Régis Debray qui dans une tribune du Nouvel Observateur enjoignaient le corps enseignant de résister : « ***Profs, ne capitulons pas !***». Rien n'y fera, François Mitterrand aurait dit à Elizabeth Badinter : « ***Vous êtes intolérantes ! Moi je les trouve charmantes, ces petites avec leur foulard...*** »

Tout est dit. C'est la capitulation qui s'installe et qui commence à faire son œuvre. C'est une entorse au principe de laïcité qui nous avait été enseigné dès l'école primaire où quiconque, portait une croix, se voyait signifié, par l'institutrice ou l'instituteur, de bien vouloir la faire disparaitre en la cachant sous les vêtements ou mieux encore de la laisser à la maison.

L'islam radical qui avait fait l'objet de quelques tentatives d'alerte dès 1989 est passé aux oubliettes pour réapparaître, mais bien trop tard ; les méfaits sont là. On a cédé au nom de la tolérance, pour ne pas être traité d'islamophobes voire de racisme. Lorsque Philippe Tesson émet l'idée que, « *s'il y a un problème avec la laïcité, ce ne sont pas les chrétiens qui le posent. Tout le monde en convient ce sont les musulmans qui ont un problème avec la laïcité* ». Il s'attire les foudres des médias ; c'est tout juste s'il n'est pas sommé de se rétracter. Fort heureusement, il maintient ses dires, car il a le courage de ses opinions.

Même constat avec l'immigration qui avait alerté le Premier ministre Michel Rocard dès 1992 en stipulant : « ***L'Europe ne peut pas prendre toute la misère du monde, mais elle peut prendre sa part de misère*** » Ses propos sont restés lettre morte, ils ressurgissent avec encore plus d'acuité.

Sur le plan politique, François Mitterrand achève son deuxième mandat, accepte une deuxième cohabitation à la suite des législatives de 1993, qui voient triompher le Rassemblement pour la république (R.P.F.) et l'Union pour la Démocratie française (U.D.F.). Entre temps les scandales politico-financiers occupent le devant de la scène avec :

- L'affaire des frégates de Taiwan : c'est la vente de 6 frégates françaises à Taiwan par l'entremise du groupe Thomson en novembre 1991, avec à la clé, des rétrocessions de commissions pour près d'un milliard de dollars. Cette affaire ne sera jamais vraiment élucidée, pour cause de secret défense souvent invoqué, et trouve son épilogue par le classement du dossier en août 2008.
- Le scandale du Crédit Lyonnais éclate en 1993, avec une perte abyssale de plus de 6,9 milliards de francs de dettes. Jean Yves Haberer, à la tête du CL de 1988 à 1993, n'a cure de bonnes gestions et s'engage dans des acquisitions hasardeuses qui mèneront la banque au bord de l'abime. C'est devenu la risée, le magazine Times n'hésite pas à titrer à la une de son magazine : « *Crazy Lyonnais* ». Jean Yves Haberer aura droit en 2008, après bien des années à une sanction bien faible de 58.000 € eu égard aux sommes qu'il a fait engloutir par sa banque.
- L'affaire Elf éclate en 1994 à la suite du financement de l'entreprise textile Bidermann. Cette affaire rebondit sur celle des frégates, éclabousse l'ancien ministre des Affaires étrangères Roland Dumas et l'une de ses amies Christine Deviers-Joncour. Elle est l'auteure du

livre « *La putain de la République* » qui fait quelque peu scandale. L'ancien président d'Elf, Loïc Le Floch-Prigent est également impliqué ainsi que d'autres personnalités du groupe. Le sulfureux Loïc Le Floch Prigent, PDG d'Elf Aquitaine de 1989 à 1993, Président de la SNCF de 1995 à 1996, sera lui condamné pour détournement de fonds dans l'affaire Elf. Il sera le seul à faire de la prison.

D'aucuns n'hésiteront pas à écrire « *Mitterrand et les 40 voleurs* » (livre de Jean Montaldo).

D'autres scandales surviennent, tels que le financement de la M.N.E.F. (Mutuelle Nationale des Étudiants de France) dans lequel Dominique Strauss-Kahn, ministre des Finances est pris dans la tourmente. Comme pour tous les autres scandales, il sera classé sans suite.

Ultérieurement, Anne Lauvergeon, ancienne Sherpa, ex-patronne du géant français du nucléaire français sera soupçonnée d'avoir participé à un montage comptable visant à surpayer en 2007 le rachat de trois mines d'uranium en Afrique. Après bien des années l'affaire ne serait toujours pas réglée sur le plan judiciaire.

D'étranges suicides sont à déplorer :

- Le 1er mai 1993, Pierre Bérégovoy ancien Premier Ministre se suicide à Nevers.

- Le 7 avril 1994, François de Grossouvre est retrouvé mort au Palais de l'Élysée.

C'est donc sur fond de scandales que s'effectue la fin de mandat de François Mitterrand. Mais d'ores et déjà ce qu'il est convenu d'appeler la gauche, ses basses œuvres de démolition ont commencé avec le refus de prendre position sous des prétextes de tolérance qui empoisonneront les années suivantes. Une toute jeune génération s'est installée aux commandes, pas forcément habitée par les intentions les plus louables mais par un arrivisme certain. Les scandales financiers des dirigeants ont droit à une certaine mansuétude, rares sont les sanctions ou les condamnations. Lorsqu'elles existent, elles sont relativement faibles eu égard aux sommes englouties. Elles ne font qu'alimenter le train-train de la vie quotidienne ; personne ne s'en offusque outre mesure.

Le Renégat Jacques Chirac

Jacques Chirac est élu, le 7 mai 1995, Président de la République après avoir patienté quatorze ans, presque aussi longtemps que son prédécesseur François Mitterrand qui lui avait attendu seize ans. Alain Juppé est nommé Premier ministre le 17 mai 1995.

À peine élu, quatre attentats, commis par le GIA (Groupement Islamiste Algérien), en 1995 et 1996, dans les stations du métro parisien, viendront troubler le septennat de Jacques Chirac. Les plus violents sont celui du 25 juillet 1995, à la station de métro Saint-Michel, provoquant la mort de huit passagers et blessant cent dix-neuf personnes et celui du 3 décembre 1996, à la station Port-Royal, où quatre morts sont à déplorer ainsi que des dizaines de blessés.

Ces attentats ne sont pas sans rappeler ceux qui avaient été commis au début de l'ère Mitterrand, l'explosion d'une voiture piégée, rue Marbeuf le 22 avril 1982 contre l'immeuble du journal Al Watanarabi provoquant la mort d'une personne et une soixantaine de blessés. Il est suivi de l'horrible attentat de la rue de Rennes, le 17 septembre 1986, où un colis piégé, déposé dans une poubelle devant le magasin Tati, explose et provoque la mort de sept personnes et fait cinquante-quatre blessés. Puis ce sera le détournement de l'Airbus d'Air France du vol Alger-Paris, le 24 décembre 1994, par un commando islamiste du GIA. Après la mort de deux passagers, les otages sont libérés sur l'aéroport de Marseille-Marignane par le GIGN. D'après les passagers : « *Les terroristes avaient l'intention de faire exploser l'avion au-dessus de Paris et plus précisément sur la tour Eiffel* ». Pour l'heure, cette révélation n'est pas prise en considération. Si la prise d'otages se termine par des pertes réduites, elle est annonciatrice des évènements dramatiques que les États-Unis connaîtront le 11 septembre 2001.

Comme tous les autres attentats ils seront apparemment classés sans suite en attendant les suivants.

Après les attentats de l'été 1995, le social prend le dessus et va gripper la machine France en la rendant inopérante pendant longtemps. Le plan de réforme d'Alain Juppé, du 15 novembre 1995, ne verra pas le jour. Face à la vindicte des syndicats, le président Jacques Chirac, effrayé par les manifestations de rue (cf. mai 68, des évènements lourds de conséquences), désavoue son Premier ministre en refusant de mettre en œuvre les réformes nécessaires à la bonne gestion du pays.

Jacques Chirac dissout, en 1997, l'Assemblée nationale qui voit la gauche remporter les élections. Lionel Jospin est nommé Premier ministre pour cinq ans. Au cours de cette cohabitation, un des points du programme commun non réalisé revient sur le devant de la scène : la semaine des 35 heures. Martine Aubry, Ministre du Travail du gouvernement Jospin, impose, fait voter et met en application la loi des 35 heures. La loi votée le 19 mai 1998 a valu à Martine Aubry d'acquérir son titre de noblesse, « *la dame des 35 heures* », que lui décerna le journaliste écrivain Philippe Alexandre. Cette loi a pour conséquence un renchérissement du coût du travail ; toutes les études font apparaître que celui-ci est nettement plus élevé en France qu'aux États-Unis et que dans la plupart des pays européens, avec cependant un niveau de salaire net inférieur pour l'employé français (cf. Enquête Eurostat de 1997 et études Rexecodes de 1998). La conséquence est une compétitivité amoindrie qui s'accompagne d'une augmentation des délocalisations avec pour corollaires la désindustrialisation, le chômage et l'augmentation des dépenses publiques. C'est le cercle infernal qui conduit au chômage endémique. Les Français ne pensent plus qu'aux vacances avec la réduction du temps de travail (RTT) consécutive à la semaine des 35 heures et les 5 semaines de congés annuels. C'est l'exemple même de lois à contre-courant qui font renoncer la France à entrer dans l'ère nouvelle de la globalisation.

L'autre fait de société, auquel le gouvernement est confronté, concerne l'immigration. La composition de la population a profondément évolué sans que nos politiques en perçoivent les conséquences et se trouvent confrontés à des révoltes imprévues. La population immigrée, dès lors qu'elle atteint 7% impose des mesures d'accompagnement sous peine de créer des problèmes d'intégration difficilement gérables. A fortiori, au-delà de 20 %, comme c'est le cas dans certaines villes ou certaines régions, ce seuil a été largement dépassé. Or, c'est bien la situation dans laquelle, sans y prendre garde, le pays s'est retrouvé, avec des inégalités difficilement acceptables. L'I.N.E.D. (Institut national des études démographiques) écrit, en 1997, que la part de l'apport global de l'immigration dans la population française est de 20,6 %, et plus de 40 % de l'accroissement démographique depuis 1946 est directement ou indirectement imputable à l'immigration. En outre, aucune politique d'immigration n'a fait l'objet d'une vraie réflexion laissant la porte de nos frontières ouverte avec un nombre d'immigrés non régularisés, qualifiés de sans-papiers. L'immigration et son corollaire l'islam sont ignorés par la bonne gauche, pour qui la notion de vivre ensemble est primordiale sans se préoccuper des problèmes qui pourraient surgir. A vouloir les ignorer, ils finiront par « *péter à la figure* ».

Jacques Chirac, contaminé par la gauche, parce que cela faisait bien dans le tableau, mais surtout pour éviter de se faire accabler de tous les noms, c'est plus confortable d'accepter leurs remarques. Il fallait à tout prix éviter de se faire taxer de flirter avec l'extrême droite. Au cours d'une de ses phrases Chocs il ira jusqu'à dire : « *Bien sûr que je suis de gauche ! Je mange de la choucroute, je bois de la bière* ». Cette attitude caractérisera son inaction jusqu'au terme de son deuxième mandat. Il avouera lui-même par cette pirouette dont il était coutumier « *Notre maison brûle et nous regardons ailleurs* ».

Il en vient sur les arguments de Lionel Jospin à modifier la durée de la mandature du Président de la République en la ramenant de 7 à 5 ans pour coïncider avec l'élection des députés à l'Assemblée nationale.

Pauvre général de Gaulle ! il est bien renié, comme il l'avait déjà été par François Mitterrand qui, désavoué à deux reprises par le vote à l'Assemblée nationale, restera au pouvoir en nommant un gouvernement de cohabitation. Chirac fera de même après avoir provoqué la dissolution de l'Assemblée nationale, il sera désavoué.

Mais pire encore, Jacques Chirac ne respectera pas les institutions, lorsqu'à la faveur du traité de Rome II de 2004 établissant une Constitution pour l'Europe, il décide de façon fort louable de le soumettre à référendum populaire le 29 mai 2005.

En votant « non » à 54,7 %, la majorité des Français a manifesté son mécontentement vis-à-vis de la construction européenne. En dépit de ce vote négatif, Jacques Chirac et son successeur Nicolas Sarkozy passeront outre pour s'arranger avec les 27 états membres sur un succédané de constitution européenne avec le traité de Lisbonne qui sera entériné le 13 décembre 2007 et, cette fois-ci, sans faire appel au vote populaire. Tous deux ont bafoué le général de Gaulle en ne démissionnant pas et tous les deux pour n'avoir pas respecté le vote.

Les institutions se trouvent mis à mal sans que véritablement personne ne s'en émeuve outre mesure. Tout devient permis même les pires turpitudes. Cela fait désormais partie des gènes que la gauche nous a savamment instillés avec l'arrivée au pouvoir de son mentor François Mitterrand.

Ils mettront fin au référendum populaire pour les révisions constitutionnelles à venir. Toutes les modifications de la constitution seront effectuées par le parlement (Assemblée nationale et Sénat) réuni à Versailles avec la majorité des $3/5^{\text{ème}}$.

Le coup de grâce final ou l'ultime estocade sera porté, en 2006, par le retrait de la loi portant sur le Contrat Première Embauche devant la forte opposition et mobilisation de la gauche toute force confondue : étudiants, syndicats et partis de gauche. Le Contrat Première Embauche sera purement et simplement retiré. Jacques Chirac montrait à sa manière sa façon de renoncer au combat si la gauche lui montrait son hostilité. D'une certaine manière, la peur reprenait le dessus. Il désirait à tout prix éviter des évènements comme ceux de mai 68 auxquels il avait été confronté lors des négociations de Grenelle.

Au cours de l'année 2005 des émeutes éclatent dans les banlieues. C'est au cours de l'une d'entre elles que Nicolas Sarkozy alors ministre de l'intérieur en déplacement à la Courneuve en juin 2005, par suite du décès d'un enfant, tué par une balle, au cours d'une fusillade entre deux bandes rivales, a déclaré vouloir « *nettoyer la cité au Karcher* ». En dépit de ses bonnes paroles rien ne sera entrepris. Pendant trois semaines, du 27 octobre au 17 novembre 2005, la France va devenir le théâtre de violentes émeutes urbaines qui vont embraser le pays. A l'origine de ces émeutes, le 27 octobre, trois adolescents, poursuivis par la police, se réfugient dans un site Edf comportant un transformateur. Deux d'entre eux sont électrocutés. (il s'agit de Bouna Traoré et Zyed Benna). Le 30 octobre, une grenade lacrymogène, tirée par la police, ricoche et atterri dans une mosquée de Clichy-sous-Bois. Les émeutes s'étendent aux villes voisines puis dans les banlieues des grandes agglomérations. Le 9 novembre, le gouvernement Villepin décrète l'état d'urgence. Le calme ne sera de retour que le 17 novembre 2005. Le bilan est catastrophique : plus de 10.000 véhicules brûlés, 300 bâtiments détruits ou dégradés, 6000 interpellations et 1300 personnes écrouées.

Ces trois semaines se différencient des autres émeutes urbaines en France par leur durée, leur extension à de nombreuses banlieues, l'ampleur des destructions matérielles et l'étendue de leur couverture médiatique. Elles sont les plus importantes en France depuis mai 68.

Des analyses de tout bord ont été entreprises pour expliquer l'éruption de tels comportements sans qu'aucune d'entre elles ne soient vraiment convaincantes. Derrière toutes ces analyses, les interprétations varient en fonction de l'appartenance politique des uns et des autres empêchant toute sérénité face à de tels évènements. Finalement elles termineront toutes au placard, ou du moins c'est l'impression qu'on en retire. Rien ne se passera et rien ne sera fait pour tenter d'en comprendre les véritables causes afin d'élaborer des plans d'action. On avait probablement trop peur de mettre le doigt sur des causes qui peuvent déranger et gêner la gauche. Il est urgent de ne rien faire pour éviter de mettre le feu aux poudres qui, tôt ou tard, finira par se déclarer une bonne fois pour toute et sera d'autant plus violent qu'on aura tardé à résoudre ces situations. De guerre lasse, on finit par repartir comme si de rien n'était, le courage est absent, Jacques Chirac finira par *jeter le manche après la cognée*. Ses électeurs ont été trahis.

Le Velléitaire Nicolas Sarkozy

Á peine arrivé au pouvoir il sera happé par la plus grave crise financière que le monde ait connue depuis 1929. Le surendettement massif, consécutif aux taux d'intérêts extrêmement bas, sur fond de spéculation effrénée, a fini par provoquer une crise financière sans précédent. À l'automne 2008, la crise financière s'aggrave brutalement et le 15 septembre 2008, le knock-out final est donné, avec la mise en faillite de la banque Lehman Brothers ; le monde chancelle avec l'éclatement de scandales dont le plus retentissant est « *l'affaire Madoff* ». La crise économique, larvée, prend le relais avec une ampleur inattendue.

Pour tenter d'apaiser la tempête, les gouvernements ont pour première parade d'injecter des masses considérables d'argent afin de venir en aide à leur système bancaire et à leurs industries respectives. Les États-Unis, avec le Plan Paulson, du nom de son Secrétaire d'État au Trésor, décident d'injecter, le 2 octobre 2008, 700 milliards de dollars pour le rachat des actifs toxiques détenus par les banques. La France avec Nicolas Sarkozy fait pratiquement de même en proposant d'injecter 40 milliards d'euros pour la recapitalisation des banques, via une société publique dont l'État est le seul actionnaire.

Obnubilé par cette crise financière, peut-être même fasciné, Nicolas Sarkozy finira par mettre de côté tous les problèmes intérieurs.

Mieux il finira par céder lui aussi aux sirènes de la gauche. Étant donné qu'elle dispose de tous les pouvoirs, il est préférable de se la concilier pour éviter tout affrontement. La France demeure empêtrée dans ses idéologies, elle ne peut se défaire de ceux qui furent portés aux nues par François Mitterrand. C'est ainsi que Nicolas Sarkozy sollicite Jacques Attali en le nommant à la tête de la « *commission pour la libéralisation de la croissance* ». Cette commission a remis un rapport de 316 propositions censées ramener le plein-emploi, faire baisser la pauvreté et réduire la dette. Le document, dont Emmanuel Macron fut coauteur, a inspiré aujourd'hui largement la politique économique de son auteur. De même, il fera appel à Bernard Kouchner, l'arriviste de la gauche, pour devenir son ministre des Affaires étrangères du 18 mai 2007 au 13 novembre 2010.

Nicolas Sarkozy comme ses prédécesseurs bafouera le général de Gaulle sur la pratique instituée qui voulait qu'un ou une ministre perdait son mandat parlementaire remis à son suppléant dès l'instant qu'il ou elle entrait au gouvernement. En quittant le gouvernement le ministre ne récupérait pas son mandat. Cette règle a bien vite été détournée. Dans la pratique le suppléant démissionnait pour forcer l'organisation d'une élection partielle et permettre au ministre de récupérer son siège. La révision constitutionnelle de 2008 met un terme à ce subterfuge ; le ou la ministre sortant(e) récupérant de droit son siège un mois après avoir cessé ses fonctions gouvernementales.

Sarkozy ministre de l'Intérieur sous Jacques Chirac avait prévu de nettoyer au karcher les banlieues. Président, il tentera une incursion inopinée en banlieue pour s'en voir retirer l'accès. Il n'insistera pas et battra en retraite sans demander son reste. L'échec de Nicolas Sarkozy est patent dans les banlieues.

Malgré tout, sa velléité finira par le trahir, au cours d'une visite au salon de l'agriculture, face à l'interpellation d'un agriculteur, il l'insultera par cette interjection assassine : « *Casse-toi pauv'con* ». Ce sera fatal à sa réélection.

Cela marquera la fin de son mandat. Même les alertes de son premier ministre sur une France en état de faillite ne réussiront pas à l'émouvoir sur une situation qui commence à devenir des plus préoccupantes. "*Je suis à la tête d'un Etat qui est en situation de faillite sur le plan financier, je suis à la tête d'un Etat qui est depuis 15 ans en déficit chronique, je suis à la tête d'un Etat qui n'a jamais voté un budget en équilibre depuis 25 ans. (...) ça ne peut pas durer*". Cette phrase lucide et désabusée est signée François Fillon.

En pleine campagne présidentielle pour une éventuelle réélection, Nicolas Sarkozy est confronté aux attentats perpétrés à Toulouse et Montauban, par Mohamed Mehra, islamiste terroriste. qui tuera 7 personnes dont trois militaires, trois enfants ainsi qu'un enseignant d'une école juive. Des vidéos demandées par la police auraient été refusées pour des raisons de protection à l'image. La gauche continuait son œuvre. Elle avait ainsi gangréné toute l'administration, elle retardera l'identification du meurtrier et sa traque.

Jacques Chirac et son successeur Nicolas Sarkozy n'ont jamais daigné porter un regard sur les affaires intérieures. Ils ont laissé le champ libre à la gauche pour accomplir son travail de sape en s'infiltrant dans tous les interstices de l'Etat.

Le Troublant François Hollande

Avec François Hollande la gauche reprenait le devant de la scène sans ne l'avoir jamais perdu. Pour jeter les bases de son quinquennat, il prononce son discours du Bourget le 22 janvier 2012 :

« ...*Mais avant d'évoquer mon projet, je vais vous confier une chose. Dans cette bataille qui s'engage, je vais vous dire qui est mon adversaire, mon véritable adversaire. Il n'a pas de nom, pas de visage, pas de parti, il ne présentera jamais sa candidature, il ne sera donc pas élu, et pourtant il gouverne.* **Cet adversaire, c'est le monde de la finance**... »

Le comportement de ce Président a de quoi nous plonger dans la plus grande des perplexités.

Dans un premier temps il convient de laisser à ce Président le doute de l'inexpérience, car arrivant à la tête de l'Etat, hormis le fait d'être tombé dans le chaudron de la politique, il n'avait aucune expérience pas même celle d'avoir obtenu ne serait-ce que l'ombre d'un maroquin (portefeuille ministériel) au sein d'un gouvernement. Dès sa sortie des écoles il est allé glaner un poste de député en Corrèze, avant d'obtenir le poste de maire de Tulle puis de conseiller général d'un canton de Corrèze. Mais c'est surtout à la tête du parti socialiste, comme premier secrétaire, de 1997 à 2008 qu'il a fait ses classes en s'illustrant brillamment comme *l'homme de la synthèse*, au dire des médias exégètes ! Donc, à sa décharge notre nouveau Président, dérouté par les nouvelles règles du jeu auxquelles il n'était pas accoutumé, avait perdu pied et montrait une certaine inaptitude à gouverner.

Au bout d'un an, force est de constater que de progrès point, le Président et son équipe font figure d'amateurs en multipliant bévue sur bévue, cafouillage sur cafouillage. En réalité la synthèse consiste en l'art de l'esquive.

Le boniment est sa roue de secours. C'est ainsi qu'il proclame urbi et orbi qu'avant la fin de l'année 2013 la croissance sera au rendez-vous et avec elle la courbe du chômage s'inversera, sans pour autant procéder à une quelconque analyse. Pour l'aider dans ses incantations et ses tours de prestidigitations, il dispose de sa *boite à outils* ! Il est vrai qu'à un moment donné ou à un autre la croissance finira bien par revenir. Malheureusement, pour notre Président, la chance n'était pas au rendez-vous : il parlait à contre-courant !

Ses partisans commençant à douter de ses capacités, sont-ils à l'origine de la révélation de sa liaison avec l'actrice Julie Gayet pour tenter de le déstabiliser ? Contrairement à toute attente, loin de se sentir amoindri, il fait preuve d'une grande pugnacité pour reprendre le dessus et retrouver ses marques. François Hollande montre alors une habileté sans pareil, au cours de sa conférence de presse du 14 janvier 2014 : il se proclame social-démocrate et sort de sa serviette un nouveau concept qu'il avait probablement concocté sur le coin d'une table, en l'absence de toute analyse et qu'il lance comme un pavé dans la mare avec *le Pacte de responsabilité* ! Certes une idée fort judicieuse et intéressante. Exercice de haute *voltige* un peu analogue à son discours du Bourget où il en a médusé plus d'un. C'est gagné ! Il a donné du grain à moudre et un os à ronger aux médias qui se jettent dessus comme le clergé sur le bas breton et attrapent les miettes qu'il leur lance, glosent à qui mieux-mieux sur la signification de ce pacte, son contenu et sur ce qu'il convient d'entreprendre pour atteindre un objectif plus que virtuel. L'embrouille est totale ! Nicolas Beytout n'hésitera pas à apparenter l'exercice de style du Président pour le qualifier non pas de *social-démocrate* mais de *social-acrobate* !

Au lendemain de la déroute des élections municipales, c'est avec la même habileté que sera lancée la réforme territoriale, certes nécessaire, mais sortie d'un chapeau sans aucune analyse. Cette réforme sera adoptée, amplifiant le millefeuille français avec, pour les 13 régions, 1758 conseillers régionaux. Toute étude aurait démontré que 8 régions étaient amplement suffisantes. Pour protéger les potentats locaux en place, il sera évité de faire des recoupements. De même, des capitales de région resteront immuable comme dans le cas de la Normandie où Rouen en restera la capitale pour permettre à Laurent Fabius de conserver son fief.

Comme ses prédécesseurs, il est confronté aux attentats islamistes qui seront parmi les plus violents que la France et l'Europe aient connu. D'abord celui de Charlie Hebdo, le 7 janvier 2015, où 12 morts sont à déplorer avec en parallèle une policière municipale tuée le 8 janvier à Montrouge et l'assassinat de 4 personnes de confession juive dans une supérette casher porte de Vincennes. Quarante-quatre chefs d'État et de gouvernement participent à Paris à une « *marche républicaine* » le dimanche 11 janvier 2015, qui rassemble plus d'un million et demi de personnes, tandis que sur deux journées, plus de quatre millions de Français défilent sur tout le territoire. Le numéro de *Charlie Hebdo*, publié le 14 janvier, est tiré à près de huit millions d'exemplaires et l'intégralité des recettes du premier million a été versée aux familles des victimes.

Ce sont ensuite les attentats du Bataclan, du 13 novembre 2015, revendiqués par l'organisation terroriste État islamique (Daech) : une série de fusillades et d'attaques suicides perpétrées dans la soirée à Paris et dans sa périphérie par trois commandos distincts. Le bilan officiel des victimes fait état de 130 morts et de 413 blessés hospitalisés, dont 99 en situation d'urgence absolue. En dépit des paroles de fermeté et de mises en garde avec la mise en œuvre de l'état d'urgence. Comme à l'accoutumée, il ne se passera rien.

Un an après l'attentat contre Charlie Hebdo, c'est l'occasion pour Elizabeth Badinter invitée par le journal, de s'exprimer, et de lancer un plaidoyer pour la laïcité. *"C'est affreux à dire, les évènements de novembre ont donné au peuple français une espèce de retour à l'importance de la laïcité".* Avant d'appeler, toujours en parlant de la laïcité, à ne pas craindre de la défendre coûte que coûte, quitte à déranger : *"Il faut s'accrocher et il ne faut pas avoir peur de se faire traiter d'islamophobe, qui a été pendant pas mal d'années le stop absolu, l'interdiction de parler et presque la suspicion sur la laïcité. A partir du moment où les gens auront compris que c'est une arme contre la laïcité, peut-être qu'ils pourront laisser leur peur de côté pour dire les choses. Je ne veux pas qu'on me ferme la bouche avec ça ».* Invitée un peu plus tard à préciser ses propos, Elisabeth Badinter assume. *"On ferme le bec de toute discussion sur l'islam en particulier ou d'autres religions avec la condamnation absolue que personne ne supporte : 'Vous êtes raciste ou vous êtes islamophobe, taisez-vous !'*

Outre ces attentats la gauche n'en finissait pas de faire des siennes. C'est ainsi qu'en avril 2013, on apprend l'existence d'un panneau intitulé « ***le mur des cons*** », sur lequel sont affichées, dans le local du Syndicat de la magistrature (SM), les photos de diverses personnalités publiques, hommes politiques, intellectuels ou journalistes, majoritairement de droite, de hauts magistrats ou de syndicalistes policiers. On y trouve également des photos de deux pères de jeunes filles violées et tuées par des récidivistes, qui avaient manifesté contre le laxisme de la justice.

Dans un premier temps le journaliste, Clément Weill Raynal, à l'origine de cette révélation sera mis à pied par la direction de France 3, à la demande du syndicat national des journalistes SNJ-CGT de France 3. Le Syndicat national des journalistes apporte son soutien au Syndicat de la magistrature et rappelle que « *l'utilisation d'images volées dans un lieu privé, en l'occurrence les locaux du SM, est contraire à la déontologie professionnelle la plus élémentaire* ».

Il faudra attendre février 2014 pour que la présidente du syndicat de la magistrature, Françoise Martres, soit mise en examen et attendre le 12 janvier 2021 pour qu'elle soit définitivement condamnée par la Cour de cassation à payer 5.000 euros de frais de justice.

Comme pour ses prédécesseurs le courage ne sera pas le fort de François Hollande et face aux manifestations de rue il cèdera quitte à désavouer les votes.

C'est ainsi qu'en juin 2013, face aux mouvements des *bonnets rouges* déclenchés en Bretagne avec l'annonce de suppression d'emplois, dans des entreprises agroalimentaires, couplée avec l'annonce de l'écotaxe, face aux destructions des portiques d'écotaxes qui avaient été la cible des manifestants pour montrer leur détermination, le gouvernement prend peur et décide d'enterrer l'écotaxe le 2 novembre 2013. Cette loi votée à la quasi-unanimité par le parlement sera enterrée accompagnée de coûts astronomiques conséquents. La taxe sur les poids lourds était l'une des mesures phares du Grenelle de l'Environnement et devait permettre le financement et l'entretien des infrastructures de transport.

Face aux manifestations à répétition des Zadistes et à l'occupation des lieux pour manifester contre la construction d'un nouvel aéroport à Nantes, afin de désengorger l'actuel, François Hollande, fidèle à ses habitudes, incapable de prendre une décision trouvera la parade en proposant un référendum, non pas national mais régional. C'est un véritable arsenal fait de bric et de broc. Le Référendum régional sur l'aéroport de Notre Dame des Landes à Nantes sera soumis à votation le 26 juin 2016. Le oui l'emporte avec 55, 17 % des voix.

Fort de ces résultats, tous les ténors de la gauche locale et nationale joindront leurs voix. Le Premier ministre Manuel Valls a prévenu que "*Le gouvernement fera appliquer le verdict des urnes* », précisant que "*les travaux préparatoires à la réalisation du nouvel aéroport s'engageraient dès l'automne prochain"*. Il a assuré que *"Les personnes qui occupent illégalement le site du nouvel aéroport devront partir d'ici le début des travaux. L'autorité de l'Etat et les lois de la République s'appliqueront à Notre-Dame-des-Landes comme partout ailleurs dans le pays"*.

Ce Président, François Hollande contrairement à toute attente est tout sauf l'homme du dialogue et du rassemblement, à force de contourner les obstacles et de botter en touche, il finit par monter les uns contre les autres. Il n'est en rien l'homme de la concertation. Curieux personnage qui ne dit pas ce qu'il fait et ne fait pas ce qu'il dit. Ce Président godille en permanence, c'est sa raison d'être, celle qui l'a porté au pouvoir en utilisant les métaphores qui font mouche mais qui ne sont malheureusement que des nuages de fumée.

La parution du livre de deux journalistes d'investigation : « *Un Président ne devrait pas dire ça.* » lui sera fatal. Il évitera de se représenter car la défaite aurait été sans appel.

Le Camelot Emmanuel Macron

Cette gauche qui n'a que le nom ne faisait plus recette ; François Hollande lâché par les siens ne faisant plus l'affaire, il fallait lui trouver un autre prétendant. Il est tout trouvé, à portée de main, Emmanuel Macron apparaissait comme le digne successeur de cette gauche, il en avait les attributs, puisque Secrétaire Général adjoint de l'Elysée avant d'être ministre de l'Économie. Jeune, beaucoup d'allant et une phrase choc « *En même temps* » permet de penser qu'il va faire la jonction entre la droite et la gauche en les amadouant toutes deux. Qui plus est, il est porteur d'une « *Révolution* » d'après son livre publié en novembre 2016, qui donne un aperçu de son programme présidentiel. Adoubé par la vieille garde mitterrandienne : Jacques Attali, Alain Minc, Laurent Fabius, Daniel Cohn Bendit. Il est le candidat tout désigné, tout sera mis en œuvre pour qu'il puisse accéder à la Présidence.

La voie est ainsi tracée et le cours des choses reprend avec l'élection de celui qui sera le plus jeune président de la Cinquième République.

Le soir de son élection semble prometteur, ses débuts font plutôt bonne impression, la France semblait avoir retrouvé un Président digne de ce nom.

Contre toute attente il est peu avare de paroles. Ces interventions avec la presse apparaissent de plus en plus fréquentes, ce flot de paroles et d'interventions vont finir par lui jouer des tours et le piéger. C'est ainsi que le 15 janvier 2018 il demande à être interviewé par Jean Jacques Bourdin et Edwy Plenel, journalistes quelque peu sulfureux. Á quoi rime une telle intervention, pour démontrer son habileté à débattre face à de tels personnages ? Pour se vendre et vendre sa camelote ? Par bravade ? C'est peine perdue, ce débat *n'apporte aucune eau au moulin.* C'est plutôt contre-productif ; comment un Président peut-il accepter de s'abaisser à un tel niveau d'interview ? Cela ne sert en rien la fonction présidentielle qui mérite plus de hauteur. Cette intervention laisse pantois, laisse entrevoir un comportement quelque peu révélateur sur celui qui est censé être à la barre.

Très vite le Président est confronté à sa première épreuve le mouvement des gilets jaunes, mouvement de protestation non structuré commencé en octobre 2018 qui trouve son origine contre l'augmentation du prix des carburants automobiles suite à la hausse de la taxe intérieure de consommation sur les produits énergétiques (TICPE). Des manifestations de plus en plus violentes se produisent dans toute la France, aux carrefours des grands axes et à Paris, avec la dégradation de l'Arc de Triomphe. Face à l'aggravation de la situation et aux nombreuses dégradations qui s'en suivent, le

Président prend le taureau par les cornes. Fort adroitement il décide de rencontrer les contestataires sur leurs lieux de résidence en province, en présence de leurs élus locaux. Il se montre pugnace. et avec courage affronte, en ôtant la veste, des heures durant son auditoire avec un certain panache. Pour finir et calmer le jeu il déclare l'abandon de la taxe qui sera accompagné d'une manne de 10 milliards d'Euros. Il propose le Grand Débat pour répondre aux attentes des Gilets Jaunes et aux classes défavorisées d'une façon générale. Le Président a démontré de façon brillante sa capacité à faire face à un public défavorable pendant des heures durant en répondant à toutes ses questions. Cependant le Grand Débat prévu pour clôturer toutes ses interventions n'aura jamais lieu, il passe aux oubliettes. Le président est sauvé par le gong : l'incendie de Notre Dame, le 15 avril 2019, met fin à l'intervention télévisée initialement prévue. Fort heureusement pour lui car manifestement il n'était pas prêt. Déjà pointe une de ses caractéristiques, il lâche prise en profitant des éléments qui lui permettent de surseoir à ses promesses, tout en faisant croire qu'il a réalisé ce qu'il a promis. Ce sera sa marque de fabrique.

Lorsque survient l'épidémie de la Covid 19, le premier confinement est décrété, le Président Macron prononce deux allocutions remarquables, les 12 et 16 mars 2020, au cours desquelles il affirme *la France est en guerre, plus rien ne sera comme avant.* Comme au lendemain de toute guerre, il convient de tout remettre à plat en faisant fi des idées préconçues, en ayant une vision pour l'avenir avec un projet. Or il n'en sera rien. Après le confinement tout a continué comme si rien ne s'était passé, sans avoir auparavant, comme pour les gilets jaunes, déversé toute la manne de l'État avec le *quoiqu'il en coûte*. Le déferlement des subsides bat son plein.

Tout comme ses prédécesseurs il est la proie de la bonne gauche, son bon élève pour avoir été biberonné par elle. Quoiqu'il fasse et quoiqu'il arrive d'après les enquêtes d'opinion, il est certain d'obtenir au moins 20 % d'avis favorables, noyau dur de fidèles qui ne sont autres que les représentants de la gauche dite caviar et des bobos parisiens.

Il se comporte en digne successeur de François Mitterrand, c'est une sorte de doublure avec l'expérience et la culture en moins. Il en vient à singer tous ces travers. C'est le *quoiqu'il en coûte*, l'argent jeté par les fenêtres au moindre sursaut de l'économie pour éviter toute révolte possible. Tout comme lui avec la nomination de Gabriel Attal, il nomme le plus jeune Premier ministre que la Cinquième République ait connu.

Le « *en même temps* » finit par montrer ses limites et ses tergiversations finissent par dérouter l'opinion. Mais rien ne peut l'ébranler. Il a aussi le don de vouloir gober au passage tout ce qui pourra dérouter l'attention de l'opinion sur le sujet du moment. Il reste ancré sur la conception de la liberté vue par la gauche le rendant aveugle et hermétique à tous les problèmes.

Ses agissements et ses comportements finiront par lui être fatal. Les éléments vont finir par le mettre face à ses contradictions, les faits finiront par le rattraper. Ce qui, auparavant passait inaperçu, ne fonctionne plus. Les idées de cette gauche qu'il colporte ont atteint leur limite. Les artifices qu'il utilise pour se dérober finissent par se retourner contre lui. L'immigration incontrôlée avec les méfaits qu'elle engendre se retourne contre lui. Pour avoir, comme tous ses prédécesseurs, ignoré les méfaits de l'islam radical, les faits, là encore, se retournent contre lui. Tous les artifices, qu'il utilise pour détourner l'attention avec les commémorations, les célébrations, n'opèrent plus : *qui trop embrasse mal étreint*. Dans le même credo il a réussi à se faire réélire en évitant de faire campagne en prétextant la guerre en Ukraine lui imposant de rester aux affaires. Bien mal lui en a pris car contre toute attente il n'obtiendra pas à l'Assemblée nationale la majorité absolue pour mener à bien sa politique et devra entre autres constamment recourir à l'artifice de l'article 49.3 de la constitution pour le projet de loi de Finances de 2023. L'article 49 alinéa 3 de la constitution permet au Premier ministre d'engager la responsabilité du gouvernement devant l'Assemblée nationale sur le vote d'un projet de loi de finances. Le projet est considéré comme adopté sauf si une motion de censure est votée, le gouvernement est renversé, en cas de vote négatif la loi est adoptée sans le vote des députés ce qui accélère le processus législatif.

Le président devient ainsi le roi des Camelots qui abreuve et endort son auditoire. Malheureusement pour lui ce qui faisait recette au début, n'opère plus. En dépit de toutes ces pirouettes, personne n'est dupe. Changer de thème pour donner le change, la ficelle devient trop grosse. Plus rien ne passe. Les réformes mal ficelées n'aboutissent pas ou sont réduites à leur plus simple expression comme la réforme sur les retraites qui n'a pas abordé la vraie solution consistant à mettre en place comme à l'étranger la retraite par capitalisation. Cet entêtement est dicté par les idées de gauche, dès qu'il est question de capitalisation ce mot fait penser aux horribles capitalistes. On se refuse à regarder la réalité en face, une fois de plus, on regarde passer le train, trop rivé à des idées reçues, à des concepts dépassés.

Avec ce Président, la gauche a fini par sortir du bois ou du moins a-t-on fini par se rendre compte que nous étions sous son joug, parce que jusqu'à présent elle réussissait à nous enfumer dans son système de façon sournoise pour nous faire subir tous ces avatars. Par son comportement de gauche, ce Président favorise ou précipite toutes les turpitudes engendrées par la gauche.

L'éducation Nationale, solidement ancrée à gauche, par son impéritie, s'est refusée à intervenir dans les harcèlements dont étaient victimes certains élèves, quitte à prendre la défense des harceleurs pour demander aux victimes de changer d'établissement. D'une façon générale l'attitude adoptée est « *il n'y a rien à voir circulez* ». Il faudra arriver aux suicides de plusieurs victimes pour que certains s'en émeuvent. Même phénomène pour la laïcité où le port du foulard s'est multiplié de nombreuses fois depuis l'affaire de Creil en 1989. Ce n'est pas faute de l'ancien principal d'un collège de Marseille qui, une fois à la retraite, a publié un livre intitulé : *Principal de Collège ou Imam de la République.*

Le seul ministre de l'Éducation nationale digne de ce nom Claude Allègre (ministre sous L. Jospin de 1997 à 2000) qui avait tenté de jeter un pavé dans la mare en voulant s'attaquer au *mammouth* ne pourra rien faire, la forteresse ne pourra être prise d'assaut. Les exactions ne feront que croitre avec les violences à l'école puis l'attaque par les élèves de leurs professeurs allant jusqu'au meurtre dans un lycée de Saint-Jean-de-Luz. Quand ce n'est pas la décapitation du professeur Samuel Paty, le 16 octobre 2020, par un citoyen russe d'origine Tchétchène. Suivra l'assassinat du professeur Dominique Bernard à Arras, le 13 octobre 2023, dans son groupe scolaire.

Le côté provocateur d'Emmanuel Macron est en partie responsable des émeutes de juin / juillet 2023 déclenchées à la suite de la mort de Nahel tué par un policier pour refus d'obtempérer. Le Président, par son intervention le soir même, en dramatisant la situation et en accusant la police, a, inconsciemment, allumé la mèche qui a mis le feu aux poudres. Avec pour résultat, des émeutes urbaines qui ont duré 8 jours dans plus de 550 communes. Le bilan est catastrophique, plus d'une centaine de mairies, une vingtaine de bâtiments judiciaires, des commissariats et de nombreux bâtiments dégradés sans compter les pillages de magasins, plus de 3600 personnes placées en garde à vue dont plus de 1100 mineurs. D'après le Président Macron ces émeutes seraient en partie dues à l'oisiveté des jeunes en vacances.

A vouloir trop choquer, y compris sur des choix artistiques qui ne sont pas loin d'une certaine provocation à l'image des contestataires de mai 68, on finit par se lasser de son comportement qui n'est autre que celui de quelques soixante-huitards attardés. C'est de la provocation pure et simple comme il la pratique souvent. Apostrophé par un jeune à la recherche d'un emploi, il lui rétorque « *je traverse la rue je vous en trouve* ».

Sous prétexte de liberté on en vient à bannir toute autorité et toute sanction. Avec Macron c'est encore plus patent que ses prédécesseurs.

L'ultime coup de poignard du Président sera porté, lors du vote de la loi immigration. Une fois votée par le parlement, il s'empressera de saisir le Conseil Constitutionnel pour en abroger sa portée.

Ce président a acquis tous les réflexes des contestataires, à savoir l'arrogance, la provocation, la supériorité (l'humilité n'est pas son fort), la facilité d'élocution, la mise en scène, les petites phrases qui peuvent faire mouche avec le *en même temps*, *quoiqu'il en coûte*. Il a acquis ou hérité ce que François Mitterrand aimait par-dessus tout, les cérémonies, la générosité en dépensant, en arrosant sans compter, pour satisfaire son peuple surtout quand il s'agit de l'argent des autres. Il pousse à son paroxysme tous les avatars que cette gauche qui nous gouverne depuis 1981 n'a cessé de véhiculer.

BILAN DE CETTE GAUCHE

C'est une France Détruite, Malade

Dans ce monde désemparé, la France n'a cessé d'encaisser les conséquences des évènements de mai 1968 qui ont brisé son élan en mettant un terme aux réformes. La chute du mur de Berlin, la globalisation qui s'ensuivit, ont trouvé un pays encore plus réfractaire et moins préparé que les autres pour faire face aux délocalisations ; ils l'ont achevé. Tous les efforts déployés, par le général de Gaulle et par Georges Pompidou, pour laisser une situation saine avec un budget en équilibre, ont été annihilés. La France est une société ancrée dans son passé, malade de ses élites, de ses médias, de ses institutions, de son éducation. Les pouvoirs régaliens n'opèrent plus. Depuis l'arrivée aux commandes de François Mitterrand, qui a tout balayé sur son passage, en plaçant à la tête du pays tous les jeunes énarques et leurs acquis de mai 68, ils ont amplifié le mouvement en passant tout sous leurs fourches caudines. Cette gauche, ou soi-disant gauche, qui ne porte que le nom, a pris le pouvoir sans désemparer. La droite n'a fait que collaborer avec la gauche, l'alternance propice aux changements et au renouvellement n'a pratiquement plus jamais fonctionné. En quarante-trois ans, elle s'est évertuée à tout déconstruire. Les résultats sont patents pour en attester.

La France était en 1976 la quatrième puissance économique mondiale, derrière les États-Unis, le Japon et la République fédérale d'Allemagne. Elle occupe désormais la septième place de ce classement. Deux pays européens font mieux qu'elle : le Royaume-Uni et l'Italie ; l'Allemagne reste fermement collée au trio de tête composé par les États-Unis, la Chine et le Japon. Classé au 5ème rang pour le PIB par habitant, la France se situe désormais au 23ème rang en 2020.

Le pays s'est désindustrialisé. La part de l'industrie manufacturière est passée de 21 % à 10% de l'ensemble de l'économie et est équivalente à celui de la Grèce. L'Allemagne est aujourd'hui à 20,3 %.

Depuis le début des années 1980, le taux de prélèvements obligatoires a augmenté en France de 6,6 points de pourcentage, soit une hausse largement supérieure à la hausse moyenne de l'OCDE (4,2). Le taux de prélèvement obligatoire était de 33,3 % en 1970, il passe à 39, 4 % en 1980 pour atteindre aujourd'hui 47 %.

La balance commerciale qui était pratiquement à l'équilibre avec un déficit de 9,4 milliards en 1980 avait en 2022 un déficit de 163, 2 milliards d'Euros.

Quant à la dette, qui n'était que de 20 % en 1980, elle est passée aujourd'hui à 110 % du PIB sous l'effet d'une hausse continue dopée dans les dernières années par le Covid et la politique du quoi qu'il en coûte.

L'immigration est passée de 3,2 millions en 1968 à 8,7 millions en 2023.

La France chute au 25e rang du dernier classement Pisa qui évalue tous les trois ans les élèves de 15 ans dans le monde. Les résultats en mathématiques sont particulièrement décevants. De 2003 à 2012, le score a diminué de 16 points. La France passe ainsi du groupe des pays situés au-dessus de la moyenne de l'OCDE, au groupe dans la moyenne. Parallèlement, si le nombre d'élèves très performants en France est identique, le nombre d'élèves en difficulté augmente.

Le même phénomène est à constater en ce qui concerne la délinquance où 270.000 plaintes pour coups et blessures ont été enregistrés soit 26 % de plus qu'en 2010, les violences sexuelles ont été multipliées par 2,4 depuis 2010. 30 % des auteurs présumés de vols violents sans arme sont des étrangers.

L'inertie qui s'est abattue sur la France depuis plus de 40 ans a favorisé le développement d'un islamisme radical dont les attentats terroristes se sont multipliés depuis la dernière décennie.

Après les attentats de Charlie Hebdo et du Bataclan, en juin 2016, un couple de policiers est assassiné à Magnanville ; à Nice, le soir du 14 juillet 2016, 86 personnes trouvent la mort sur la promenade des Anglais ; toujours en juillet 2016, le curé de la paroisse de

Saint Etienne du Rouvray est égorgé. En octobre 2017, deux jeunes femmes sont égorgées à la gare Saint Charles à Marseille. En 2018, attaque d'un supermarché dans l'Aude où 4 personnes trouvent la mort dont un gendarme, le colonel Beltrame qui se sacrifie pour sauver un otage ; en décembre de la même année, 5 personnes sont assassinées à proximité du marché de Noël à Strasbourg. La liste n'en finit plus de s'allonger, sans les citer tous, nous terminerons par, le 3 octobre 2019, l'assassinat de 4 policiers à la préfecture de Police de Paris ; le 16 octobre 2020, Samuel Paty, un enseignant, est décapité. Le 13 octobre 2023, le professeur Dominique Bernard est assassiné dans son lycée à Arras, etc… D'autres suivront jusqu'à l'attaque mortelle du fourgon pénitentiaire au péage d'Incarville qui fera deux morts du côté des agents pénitentiaires le 14 mai 2024.

Charles Pasqua disait : *« il faut terroriser les terroristes »*. L'époque a bien changé puisqu'aujourd'hui, ce sont les criminels qui terrorisent la Justice. C'est la justice qui capitule. Ce sont les agents pénitentiaires qui meurent.

Toutes les valeurs de la République ont volé en éclat et pourtant cette gauche n'a cessé de s'en référer et de les mettre en avant. Parmi celles-ci la laïcité est jetée aux orties avec la complicité du Conseil d'Etat ; pourtant ce n'est pas faute à Elizabeth Badinter d'en avoir alerté et mis en garde ses partisans.

Malade de son Atavisme Révolutionnaire

Comme déjà mentionné, le premier mal dont souffre la France est son atavisme révolutionnaire. Avec François Mitterrand, l'atavisme reprend le dessus

La France, forte de l'abolition des privilèges dans la nuit du 4 août 1789, s'est empressée de les rétablir, en accordant de nouveaux privilèges que sont les acquis sociaux. Ces derniers sont légion, on peut citer parmi eux : Les allocations familiales, la Réduction du Temps de Travail (R.T.T.) conséquence de la loi des 35 heures, les intermittents du spectacle, les subsides accordés aux Comités d'Entreprise des entreprises publiques au lendemain de la libération (SNCF, EDF, Air France, etc.), les déductions fiscales accordées à certaines catégories professionnelles telles que les membres du Conseil Constitutionnel, les journalistes, etc., l'électricité fournie à des prix avantageux aux employés de l'EDF, la Couverture Maladie universelle (C.M.U), l'Aide Médicale d'État, etc... Ces droits acquis sont ainsi sources de malentendus constants ; ils sont l'occasion de monter les Français les uns contre les autres. Les politiques, loin de calmer le jeu, les ravivent, se les approprient, les antagonisent, n'hésitent pas à surenchérir la donne pour glaner quelques voix supplémentaires et les utiliser comme slogans, affaire de clientélisme oblige. La France a perdu goût au travail, à l'effort, sauf à mobiliser ses dernières forces pour conserver ses avantages acquis.

Malade de l'Impéritie de ses Élites

Avec Mitterrand arrivent les Enarques biberonnés par mai 68. Il leur faut tous les postes tout et tout de suite. Ce sont de jeunes loups très éloignés de ce qu'il était convenu d'appeler les grands commis de l'Etat, dévoués, désintéressés œuvrant pour le bien du pays. Ils grenouillent auprès du parti Socialiste pour arriver à leurs fins, certains deviendront les sherpas du Président quand ils ne seront pas ministres. Ils s'arrogent, sans vergogne, tous les postes de la haute administration, les postes de direction des Grandes Entreprises.

Si certains de ces dirigeants sont de brillants sujets, à même de faire de très bonnes analyses, celles-ci sont, la plupart du temps, non suivies d'effet. Ils sont bien souvent dans l'incapacité de dérouler les actions appropriées, par absence de connaissance du terrain. Quand il s'agit de réaliser, il n'y a plus personne. Cette élite empoisonne le pays qu'elle a le don de subjuguer par son brio en laissant bouche bée ceux qui les écoutent. Ils sont les conseillers de tout bord, à droite comme à gauche ; comme des girouettes, ils s'adaptent à toutes les situations. Pourtant, leurs faits d'armes ne sont pas à mettre à leur crédit lorsqu'ils ont tenté de gérer des activités. Tout cela est bien vite oublié et ne les empêche pas de poursuivre leurs méfaits.

Les membres auto-proclamés de cette élite, sous prétexte qu'ils disposent d'une multitude de parchemins, ne sont pas forcément les meilleurs. La France fourmille de théoriciens mais manque cruellement de praticiens, d'hommes et de femmes d'expérience capables d'avoir une bonne vision, une bonne analyse de la situation et une aptitude à commander afin de mettre en œuvre les actions appropriées. C'est ainsi que des grands groupes ont été vendus ou dépecés quand ils n'ont pas disparu alors qu'ils faisaient la fierté de notre patrimoine industriel. Leurs dirigeants portent la lourde responsabilité d'être à l'origine de la désindustrialisation du pays. Pour n'en citer que quelques-uns : Alain Gomez, Énarque à la tête de Thomson / CSF, a littéralement dépecé le groupe ; Serge Tchuruk, ancien patron d'Alcatel, tout polytechnicien qu'il était, tout comme Jean Pierre Rodier, ancien patron de Péchiney ou Patrick Kron ancien patron d'Alstom, n'ont pas su appréhender correctement la situation ; ils ont laissé filer les pépites qu'ils détenaient. Serge Tchuruk désirait une entreprise sans usine, en oubliant de considérer que l'usine est au cœur de la recherche et de l'innovation.

Tous les postes de commandement leur ont été accordés sans avoir à passer par des postes intermédiaires pour y faire leur preuve et se former comme c'est le cas en Allemagne. A trop vouloir mettre en avant les diplômes au détriment de l'expérience et des qualités indéniables qui font des dirigeants incontestables, on risque de tomber sur des incompétents incapables de gouverner, incapables de remettre en cause leurs erreurs. Comment dans ces conditions peuvent- ils encore ou ont-ils encore le droit de faire partir de l'élite ?

Malade de ses Politiques

Les politiques, après Georges Pompidou, ont prouvé leur incapacité à mener une analyse correcte et sérieuse de la situation, par manque de réflexion, de vision et de courage. Ils craignent de regarder la vérité en face, ils refusent de s'assumer et de nous assumer. Nos gouvernants, comme nous, sont animés par des évènements qui ont forgé leur existence. Le général de Gaulle, l'homme de l'appel du 18 juin, stimulé par une volonté de revanche, rend à la France son rang et sa fierté. Il fait preuve d'un esprit positif tourné vers l'avenir. François Mitterrand, l'homme au passé douteux, amadoue la France par les acquis sociaux et le toujours plus. Il est sur la défensive, il faut arroser ses sujets pour les satisfaire. Jacques Chirac, la peur chevillée au corps par mai 68, manque de courage, il fige la France en l'abandonnant face à la globalisation ; il est urgent de ne rien faire de peur de provoquer ses sujets. Leurs successeurs, Nicolas Sarkozy et François Hollande, n'avaient pas la personnalité et le courage suffisants pour remettre la France sur pied. Nicolas Sarkozy, trop fougueux et présomptueux, n'aura pas la ténacité pour réformer la France. François Hollande, dans l'incapacité de gouverner, n'a fait que l'enfoncer davantage en parodiant François Mitterrand. L'espoir, qui semblait poindre avec l'arrivée de Macron, s'estompe. Si, à ses débuts, il redonne une certaine souveraineté à la France, elle ne sera que de courte durée. La crise des gilets jaunes et la pandémie de la covid 19 ont eu raison de ses velléités. Serait-il prisonnier d'une bureaucratie à la Française dont il ne saurait se départir ? À moins qu'il ne soit un bonimenteur aux paroles non suivies d'effet, voire malencontreuses, comme celles qu'il a tenues à ce jeune chômeur en lui conseillant de traverser la rue pour trouver un emploi. Mais surtout il est abonné à la rhétorique de cette gauche dont il ne peut se départir.

Malade de ses Médias

Les médias souffrent du même défaut que l'élite et les politiques qu'ils côtoient à longueur de journée ; ce faisant ils risquent de se couper de la réalité en ne rapportant que des informations biaisées, tronquées voire non vérifiées. Dans ces conditions les médias ont la lourde responsabilité de colporter des informations fausses avec pour corollaire des excès contraires qui peuvent se traduire par des implosions. Le journal *Le Monde*, sous couvert d'objectivité, de façon sournoise, distille son venin de gauche. Il a insidieusement glissé de son rôle de contrepouvoir vers l'abus de pouvoir permanent comme l'ont remarquablement démontré Pierre Péan et Philippe Cohen dans leur livre *la Face cachée du Monde*.

En France ce sont les médias qui ont porté François Hollande, l'homme de la synthèse, l'homme normal, à la présidence. Ce sont les médias qui ont continué à le soutenir et à s'intéresser à lui en dépit de son incapacité à gouverner, alors qu'ils auraient dû le passer par pertes et profits comme son prédécesseur après sa célèbre sortie « *casse-toi pauvr' con* ». Là, il n'en est rien, en dépit de tous ses impairs, à commencer par l'affaire Léonarda, la diminution du chômage grâce à sa boite à outils, etc.

Malade de ses Préceptes

Cette gauche s'est nourrie des préceptes de mai 68, constitués par une attitude consistant à tout vouloir tourner en dérision, se moquer d'une façon générale de l'ordre établi pour tout se permettre avec le slogan qui a fait flores « *il est interdit d'interdire* » qui se traduit par : « *il est possible de tout se permettre sous prétexte d'une liberté* » dont elle se permet d'en définir les concepts pour les siens mais par pour ceux qui n'adhèrent pas à la même culture, au même comportement, aux mêmes critères. Cette gauche se montre ainsi désinvolte. Le plus bel exemple en est « *le mur des cons* » où contre toute attente il aura fallu l'autorisation de la ministre de la justice Christiane Taubira pour permettre aux victimes de faire un procès, alors qu'en toute bonne logique la Présidente du Syndicat de la magistrature aurait dû être sanctionnée. Pire encore lors du procès qui lui est intenté, elle se permet de répondre à la question de savoir qui a affiché les photos sur le mur des cons, elle répond : « *Je n'ai pas à vous répondre vous n'avez qu'à chercher vous-même* ».

Lors de l'affaire du sang contaminé, il y a plus de trente ans, Laurent Fabius s'est déclaré : « *responsable mais pas coupable* ».

Cette gauche a érigé le dogmatisme avec Martine Aubry, « *la dame des 35 heures* ». Les débats sont systématiquement pipés, exempts de tout pragmatisme. La gauche ne supporte pas la contradiction, quiconque ose s'y opposer se voit considérer comme un mauvais, un sans cœur, voire insulté, vexé il abandonne la partie. Cette gauche depuis sa prise du pouvoir accuse la droite de systématiquement flirter avec l'extrême droite. La droite culpabilisée, offensée, complexée abandonne la partie, finit par baisser pavillon pour se jeter dans les bras de cette gauche, parce qu'évidemment cela fait bien d'être à gauche. Si bien qu'il n'y a jamais de réflexion majeure concernant le choix de société. Aucun des interlocuteurs n'osent aborder les problèmes car ils n'en ont vraisemblablement pas la capacité. La gauche a fini par asservir la France en l'empêchant de penser autrement.

Cette gauche a tout gangréné, elle dispose de tous les postes de commandes, au Conseil Constitutionnel, à la Cour des Comptes, au Conseil d'État. En dépit de leur âge avancé ils sont toujours présents sans oublier Jack Lang qui, à 85 ans, a rempilé à la présidence de l'Institut du monde arabe.

La gauche c'est toute une culture, une certaine éducation qui remonte à 68 :

- Il faut choquer heurter l'opinion dite majoritaire en défendant les minorités quelle qu'elle soit, c'est le lot d'un Jean Luc Mélenchon qui va jusqu'à soutenir des dictatures. La majorité est sacrifiée sur l'autel au profit des minorités où tout est mis en œuvre rien que pour elle et tout pour elle. En revanche aucune bonne âme n'ira soutenir des handicapés parce que ce n'est pas rentable sur le plan électoral.

- Il faut provoquer
- Il faut vilipender la police, les Présidents de la République ne sont pas en reste par leur attitude plus ou moins ambigüe

Le même phénomène est à déplorer avec Sciences Po. Cela commence avec Richard Descoings, directeur de 1990 à 2013, retrouvé mort de façon mystérieuse dans un hôtel à New York. Véritable icône adulée par la bonne bourgeoisie parisienne car il voulait faire le bien, en promouvant l'entrée à Sciences Po. d'enfants issus des ZEP (Zone d'Education Prioritaire) en leur faisant passer des épreuves simplifiées. Il était donc en faveur de l'ascension sociale, d'une curieuse façon cependant puisqu'ils étaient soumis à des épreuves de difficultés moindres.

Son successeur, Frédéric Mion, plus discret s'inscrit dans la discrimination positive. Lors du Hijab Day (Journée du Voile) à Sciences Po., le 20 avril 2016, il estime qu'il n'a aucune raison d'intervenir cela fait partie de la liberté des étudiants. Il sera contraint de démissionner lors de l'affaire Olivier Duhamel révélée par le livre de Camille Kouchner, *Familia Grande*. Tenu au courant, il ne réagit pas et sera contraint à la démission en 2021. Avec son successeur Mathias Vicherat, ancien directeur de cabinet d'Anne Hidalgo, Sciences Po. est devenu le temple du *wokisme*. A l'occasion des évènements récents : interdiction faite à une étudiante juive de pénétrer dans un amphi, manifestations en faveur de la Palestine, intervention de Jean Luc Mélenchon de La France Insoumise à l'amphithéâtre Emile Boutmy, Mathias Vicherat, sera contraint à la démission, le 13 mars 2024, en utilisant l'artifice d'une affaire privée de violences conjugales, la face était sauvée. Tout récemment Pascal Perrineau politologue, Président de l'association des Alumni (anciens élèves) sera radié comme Professeur Honoraire. La déconstruction s'accélère au sein de l'établissement.

Le plus bel exemple de ce comportement est à mettre à l'actif de la maire de Paris Anne Hidalgo, protégée par le réseau de cette gauche, tout lui est permis. Si d'aventure, elle pressent une quelconque mise en cause, elle sort, son arme fatale, être femme et immigrée, tout est dit et tout s'arrête. Elle devient *une intouchable*. C'est ainsi qu'elle peut mettre sa ville au bord de la faillite sans être inquiétée par une potentielle mise sous tutelle, c'est ainsi que les employés municipaux ne travaillent que 32 heures, à aucun moment l'administration ne la remet en place pour non-observation de la loi. C'est ainsi qu'elle peut se permettre de financer des associations en faveur de l'immigration, qui n'ont rien à voir avec la gestion de sa ville, qui plus est, le Conseil d'Etat lui donne raison ; en effet dans son arrêt la juridiction a validé les subventions octroyées par la Ville de Paris pour SOS Méditerranée (13 mai 2024) quitte ensuite à faire pression sur l'Etat pour qu'il s'occupe des immigrés. Elle est au-dessus des lois. Elle peut même clamer haut et fort qu'elle ne respectera pas la loi sur l'immigration. A se demander si sa plus grande joie, à moins que ce ne soit sa plus grande délectation, consiste à faire suer le burnous.

HALTE Á LA CHUTE FINALE

Pour Réussir Il Faut Un CHOC

La France est dans un tel état de délabrement, le rafistolage n'est plus de mise, seul un choc peut l'en sortir : l'opération chirurgicale parait inévitable. Il faut changer de paradigme.

La guérison sera longue, il faudra beaucoup de patience, de constance et une attention de tous les instants pour éviter une rechute car trop fragile ; la moindre inobservation pourrait être fatale ; la convalescence sera d'autant plus longue que la France est au bord de l'implosion !

A ce stade des tous premiers constats il serait présomptueux d'être en mesure de préconiser tous les remèdes nécessaires : certains symptômes nécessiteront des analyses plus poussées pour prodiguer les soins appropriés. Néanmoins quelques pistes de soins palliatifs s'avèrent salutaires pour prendre soin du malade et le mettre sur la voie de la guérison.

Pour redonner à la France ses lettres de noblesse, il faut mettre fin à une gouvernance baroque, retrouver nos repères et notre confiance avec pour projet une Nouvelle Europe.

Renouveler la Gouvernance

Tout d'abord il faut commencer par faire le ménage en chassant tous ceux qui sont au pouvoir depuis trop longtemps. En premier lieu les énarques, que le pouvoir aveugle, doivent regagner leurs corps d'origine où ils auraient dû rester cantonnés pour servir la France comme ils étaient à l'origine censés le faire. Il importe de les remplacer par une nouvelle classe de dirigeants qui auront au préalable démontré leur savoir-faire et leur capacité dans la vie civile. Il faudrait se livrer à une sorte de « spoil system » (système des dépouilles) comme le pratique les Etats Unis à chaque élection présidentielle lorsqu'il y a changement de majorité.

Il convient de renouveler la classe politique et la remplacer par des hommes et des femmes de la société civile qui ont fait leur preuve et qui auront le courage de remettre le navire à flots pour lui permettre d'affronter les tempêtes auxquelles il est et sera confronté.

La Constitution de Cinquième République s'est enflée au fil du temps pour perdre de sa simplicité et les principes qui avaient prévalu à l'origine de son édiction ont été bafoués.

L'entreprise France est en perdition, elle n'a plus ni Président, ni Directeur Général (Premier ministre). Les institutions de la Cinquième République ne fonctionnent plus correctement. En inaugurant la première cohabitation en 1986 à la suite des élections législatives perdues par le parti Socialiste, le Président François Mitterrand a torpillé la Cinquième République. La logique aurait voulu que, désavoué, il quitte le pouvoir. Au contraire il s'est accroché en nommant comme Premier ministre Jacques Chirac. Si l'entreprise avait un Directeur Général comme Premier ministre elle n'avait plus de Président pour lui imposer ses grandes lignes directrices et donc la gestion se trouvait réduite à l'expédition des affaires courantes, à du *court-termisme.* Non content d'avoir procédé ainsi, François Mitterrand nous a gratifiés d'une deuxième cohabitation en 1993 après une défaite sans précédent du Parti socialiste (17, 6% des voix et 56 députés !) en nommant Edouard Balladur comme Premier ministre. Fort de cette expérience, Jacques Chirac, en dissolvant l'Assemblée nationale et en perdant les élections en 1997, a inauguré la troisième cohabitation avec Lionel Jospin comme Premier ministre, faisant du Président un roi fainéant ! Lionel Jospin et Martine Aubry en édictant les 35 heures, contre vents et marées, contraire à toute logique en plein cœur de la mondialisation, ont précipité le navire France contre les récifs et depuis lors le navire ne cesse de s'enfoncer un peu plus. Alors croyant bien faire, les élections législatives ont été couplées avec les élections présidentielles pour éviter toute cohabitation ce qui a fonctionné dans les faits avec les élections de Nicolas

Sarkozy et de François Hollande mais le résultat est pire. La France n'a plus ni Président, ni Directeur Général.

Nicolas Sarkozy, qui veut s'occuper de tout et de son contraire, relègue son premier ministre au rang de **_Directeur Général aux Abonnés Absents_** : en étant sur tous les fronts, Nicolas Sarkozy a amusé la galerie et la presse, mais de vision politique point.

Le successeur, François Hollande, ne fait guère mieux. Incapable de maîtriser la situation, il n'a pas non plus de Directeur Général, tout aussi dépassé que lui par les évènements. Et la presse, loin d'aider à la manœuvre ne fait qu'attiser le feu. S'étant délecté des impairs de Nicolas Sarkozy elle va pousser François Hollande, sans personnalité, dans ses derniers retranchements. Les médias en viennent à harceler un Président qui, loin de renvoyer les intrus dans leur foyer, tente vainement de faire bonne figure : dépassé par les évènements, le Président n'a plus la maitrise du bateau qu'il laisse filer à la dérive.

La gouvernance actuelle a fait place à une dyarchie qui ne permet pas un arbitrage aisé, le régime actuel n'est ni présidentiel ni parlementaire, il est bancal.

Il faut choisir :

Ou bien le Président de la République est au-dessus des partis ; dans ce cas son élection est totalement déconnectée de celle de l'Assemblée nationale, en termes de date et de durée, avec un mandat de 7 ans, comme initialement prévu par la constitution de la Cinquième République. Il remplit pleinement son rôle de chef de l'Etat et il a pour le seconder un Premier ministre, son Directeur Général, qui navigue en fonction de la feuille de route qu'il lui fournit. Le Président quant à lui, se tient en retrait, en réserve pour ne traiter que des grandes orientations sur le plan national et international : ce sont les pouvoirs réservés dont il est le mandataire.

Ou bien alors, le Président de la République est élu au suffrage universel en même temps que les députés à l'Assemblée nationale. Dans ce cas les élections doivent avoir lieu le même jour, ne pas être dissociées de quelques semaines. Un Premier ministre jouant le rôle de Directeur Général est alors inutile, le Président s'entoure de ministres et endosse le rôle de Président Directeur Général !

Le Président devra formuler son programme électoral à partir d'une vision qui en principe devrait se résumer à cinq grands thèmes maximum portant sur les orientations de la société à laquelle les citoyens aspirent et non pas un programme constitué d'une liste d'articles aussi incohérents les uns que les autres et qui s'apparentent davantage à une liste de course pour faire son marché.

Le nouveau Président devra se doter d'un plan, c'est l'outil indispensable qui permet selon la définition de R.L. Ackoff « *de concevoir un futur désiré avec les moyens réels pour y parvenir* ». Le plan, **ardente obligation, impérieuse nécessité,** sera l'occasion de se pencher sur l'état du pays pour choisir les potions les mieux adaptées à sa situation, en fonction de la vision que l'on se fait de son devenir et des espoirs que l'on entrevoit pour le rétablissement du pays.

Le plan permet au capitaine d'avoir sa feuille de route et de naviguer au plus près en fonction des récifs qu'il conviendra de contourner. Mieux encore, il permet de maintenir le cap, la ligne de conduite pour éviter les divagations qui rendraient le navire fou. La planification donne à l'homme politique la possibilité de transformer sa vision de l'avenir en actions, ses rêves en projets, et redonne à la politique ses vraies lettres de noblesse. Cependant le bon cap ne suffit pas à la stratégie, il faut aussi un équipage préparé et motivé à la manœuvre.

Il faut un plan pour maintenir le cap, la cohésion qui fait si cruellement défaut de nos jours, pour gouverner au plus près et affronter les tempêtes qui ne cessent de nous assaillir.

Retrouver nos Repères
Pour Reprendre Confiance

Les régressions que nous font subir les politiques, nous ont empêchés d'affronter les évolutions que la technologie et le monde imposent. Nous avons perdu confiance, nous avons perdu nos repères. Nous sommes accablés, désemparés ; après mai 68 les valeurs ont volé en éclat et le peu qu'il en restait s'est volatilisé avec la dérégulation qui a suivi la chute du mur de Berlin.

Au fil de l'expérience, *le Respect* est la première valeur qui s'impose et qu'il convient de mettre en exergue, car à travers lui, c'est l'occasion de renouer avec la reconnaissance, l'appréciation des choses à leur juste valeur et permettre en fin de compte de prendre en considération et finalement d'accepter les nouvelles règles qui auront pu être édictées. C'est en quelque sorte le premier pas pour un retour à un certain enthousiasme. En effet le respect observé par tous est une façon de porter ou d'accorder une considération admirative à ce qui peut être mis en place. Le respect s'accompagne de l'exemple à suivre qui manque si cruellement de nos jours. Le respect à lui seul ne suffit pas, il devra s'accompagner de l'équité et de la rigueur.

L'Equité pour éviter les trop grandes disparités. Equité pour éviter que l'argent ne devienne l'unique référence. C'est, en quelque sorte mettre en place des critères qui permettront d'évaluer et de récompenser les meilleurs, les plus aptes à prendre le commandement.

La Rigueur, non pas dans son sens le plus strict de sévérité, dureté, mais pour s'assurer que les actions entreprises sont empreintes de cohérence, de clarté et compréhensibles par tous ; pour faire en sorte que les règles puissent être observées, appliquées correctement et non pas détournées de leur raison d'être. Rigueur par opposition au laxisme ambiant dans lequel nous sommes plongés.

Rigueur, Equité et Respect (R.E.R.), sont à privilégier et à observer pleinement, ces trois valeurs sont un réquisit pour retrouver nos repères, elles devront constamment guider les actions et le comportement de nous tous, et à fortiori de nos dirigeants. Elles sont le seul garant du retour à la confiance.

Ceci devra s'accompagner d'une reprise en main de l'Éducation Nationale. L'Éducation Nationale doit prôner, diffuser, observer et faire observer la mise en application des trois valeurs pour former les femmes et les hommes de demain. L'éducation est la clé pour une bonne conduite de nos dirigeants. Il appartient à nos dirigeants de tout mettre en œuvre pour s'assurer que notre système éducatif est équitable et, en particulier, que l'ascenseur social existe en permettant de sélectionner les meilleurs, toutes classes confondues.

La sélection, si souvent décriée est certainement le moyen le plus démocratique, qui existe pour donner, à ceux qui en ont les capacités intellectuelles, une éducation dont ils pourront être fiers. La non-sélection, c'est favoriser ceux qui le sont déjà. Comment identifier les meilleurs ? Comment les sélectionner pour permettre aux plus défavorisés de recevoir l'éducation qu'ils sont en droit d'attendre ? Comment les accompagner dans leur cursus ? La discrimination positive est une hérésie car elle contribue à mettre sur le devant de la scène non pas les meilleurs mais ceux qui auront su ou sauront tirer habilement avantage de leur différence, au détriment de ceux issus des classes moyennes, qui ne pourront se prévaloir d'une quelconque particularité et se trouveront ainsi relégués ou tout simplement « *déclassés* ». Ce qui importe, c'est que toutes et tous puissent accéder au meilleur poste en franchissant les mêmes obstacles. L'ascenseur social ne doit pas être mis en place pour quelques-uns, pour lesquels la sélection se montrera plus complaisante, elle ne doit pas faire l'objet d'aucun distinguo, sinon elle risque de frustrer ceux issus des classes moyennes qui ne bénéficieront d'aucun passe-droit, puisque n'appartenant à aucune des catégories privilégiées : ceux d'en bas et ceux d'en haut. C'est toute une réflexion qui doit être menée. Admettre une différence dès le départ c'est d'ores et déjà faire preuve d'une certaine incohérence et accepter une solution de facilité qui pourra se révéler lourde de conséquence pour l'avenir.

L'éducation s'attachera à aborder les problèmes avec un esprit d'ouverture qui s'efforcera de rejeter d'emblée tout à priori. En matière de raisonnement, face à toute situation nouvelle, la réaction immédiate doit systématiquement déboucher sur *le pourquoi et le comment*. En d'autres termes : Quel est l'objectif à atteindre, pourquoi faire et comment mettre en œuvre la solution qui en découle. Aucune question n'est interdite, toute question, quelle qu'elle soit, doit pouvoir être posée sans qu'un quelconque jugement puisse être porté sur son émetteur. *Il n'y a pas de question stupide mais il n'y a que de sotte gens* ! C'est uniquement en procédant de la sorte qu'il est possible de progresser et d'éviter les inhibitions ; les problèmes pourront ainsi être identifiés, leurs résolutions suggérées puis mises en place. Le but, éviter à tout prix que des solutions puissent être préconisées avant même que la véritable équation du problème ait été posée ; il s'agit de façon plus systématique d'appréhender toute situation nouvelle comme *la conduite d'un projet*.

De la même manière, toute critique formulée devra être suivie d'une proposition visant à corriger le dysfonctionnement constaté. C'est toute une éducation, œuvre de longue haleine qui permet de changer les habitudes et le comportement par une vision plus positive : *si la critique est facile, l'art est difficile.*

La rigueur engendre la cohérence et vice versa. Simplifier pour plus de clarté ne peut que rendre plus aisée la solution au problème posé et ne peut qu'en faciliter leur explication et leur résolution. L'éducation exige un effort et l'école comme les familles ont la lourde tâche d'apprendre un certain esprit critique pour *ne pas prendre à la lettre tout pour argent comptant.*

Il importe que tous les moyens, nécessaires à une bonne éducation, soient mis en œuvre ; sur ce volet il n'est pas question de transiger.

Que d'efforts nos dirigeants seront amenés à faire ! Mais il n'y a pas d'autre issue, toutes leurs actions devront être empreintes d'une grande cohérence et continuité dans le temps. Il est demandé à nos gouvernants une conduite exemplaire : c'est à ce prix qu'ils seront crédibles pour proposer les mesures qui s'imposent et en particulier celles qui s'attachent à réduire la dette qui n'est que la résultante du laxisme observé depuis plus de 40 ans. Il n'est pas inutile de rappeler qu'il faut remonter à l'année 1973 pour enregistrer un excédent budgétaire. A cette date Pierre Messmer, alors Premier Ministre sous la Présidence de Georges Pompidou, entreprend de réduire le déficit budgétaire. En instaurant une politique de gestion saine des dépenses publiques, il pourra s'enorgueillir d'avoir enregistré le seul excédent du budget au cours de cette année.

La confiance ne se décrète pas, elle se mérite : elle est le fruit de toute une éducation qui suppose :

- Un nouvel état d'esprit, un changement d'attitudes et de comportement que nos dirigeants doivent mettre en pratique par une conduite exemplaire.
- La fin d'un laxisme ambiant animée par une vraie volonté de réformes pour éradiquer les droits acquis tout en opérant une plus juste redistribution des richesses.
- Que soit mis fin à la dérégulation et aux effets néfastes qu'elle a engendrés en faisant de l'argent le maître incontesté !

La confiance ne peut se rétablir du jour au lendemain, c'est une œuvre de longue haleine qui exige du temps, vraisemblablement une génération. C'est le temps qu'il a fallu à l'Allemagne pour opérer la réunification du pays. Ce n'est que sur une assise assainie qu'il sera possible d'aller plus avant, pour *oser toujours plus*.

Cela suppose une volonté politique affirmée, une conviction partagée afin d'expliquer simplement, de mettre en perspective, de faire prendre conscience.

Un Projet pour Une Nouvelle Europe

Pour avancer il faut un projet, comme en leur temps le général de Gaulle et Kennedy en avaient un. C'est ce qui manque cruellement à la France. Il faut un choc pour renouveler les élites avec un projet fédérateur à la clé.

Avec les meilleures volontés, la France à elle seule ne peut rien, si elle ne travaille pas de façon concertée avec ses partenaires naturels que sont les Européens. Une nouvelle Union européenne est le projet auquel il convient d'adhérer pour remettre en marche l'espoir.

A la suite de la chute du mur de Berlin, le traité de Maastricht du 7 février 1992 transforme la Communauté économique en Union Européenne composé des 12 membres de la CEE qui deviendront 15 en 1995 ; elle en compte désormais 27 avec le retrait de la Grande Bretagne. Cette union est mal partie avec une gouvernance qui compte trois Présidents :

- Un(e) Président(e) tournant tous les six mois confié en alternance au chef de Gouvernement ou le chef de l'état d'un des pays membres.

- Un(e) Président(e) de la Commission Européenne élu(e) pour cinq ans - (Actuellement : Ursula von der Leyen)
- Un(e) Président(e) du Conseil Européen élu pour deux ans et demi - (Actuellement : Charles Michel)

L'Europe n'a pas su mettre en œuvre les outils nécessaires pour une bonne gouvernance et pour une politique financière commune qui auraient dû accompagner la mise en place de l'Euro. En prônant le moins-disant, c'est la facilité qui a été choisie et avec elle, la porte ouverte au laxisme débouchant sur la faillite. C'est une Europe difforme, sans grande consistance qui s'est perpétuée.

Il faut se rendre à l'évidence, l'Union Européenne est mal partie. Dès l'origine, elle perd pied. L'Union n'a jamais existé. L'Allemagne n'a jamais joué le jeu ; après avoir ignoré l'Europe pour terminer avec succès sa réunification, elle s'en moque pour vilipender la multitude de nouveaux petits États venus s'y joindre sans aucune préparation et, pour finir, elle utilise l'Europe dans son propre intérêt afin de défendre son industrie en obtenant que l'Euro s'aligne sur le Deutsche Mark. Elle fait de l'Europe son objet. La Grande-Bretagne, toujours dans l'expectative, finit par jeter l'éponge en demandant sa sortie. La France n'est plus que l'ombre d'elle-même, elle est inexistante face à ses partenaires.

C'est d'autant plus dommageable qu'avec ses 27 états membres, ses 500 millions d'habitants, forte de sa diversité culturelle et linguistique, l'Union Européenne aurait pu affirmer sa prééminence et son leadership économique, en garantissant la paix, en assurant la sécurité de ses citoyens et en faisant rayonner les valeurs auxquelles les Européens sont attachés, à savoir l'économie sociale de marché et le développement durable.

Le danger est présent. Il faut une Europe forte pour rayonner et se prémunir contre les prédateurs qui piaffent à sa porte. Seul, chaque pays ne peut rien ; en revanche si l'Europe présente un front uni, chacun de ses membres peut espérer s'en sortir.

L'Europe peut-elle enfin voir le jour ? Elle est à rebâtir, une remise à plat s'avère nécessaire. Elle doit se livrer à un véritable aggiornamento. Le groupe de travail chargé de cette élaboration devra être composé des douze pays membres (Allemagne, Belgique, Danemark, Espagne, France, Grèce, Irlande, Italie, Luxembourg, Pays Bas, Portugal, Royaume Uni) de l'Union Européenne lors de sa création par le traité de Maastricht du 7 février 1992. Une Europe sans la Grande-Bretagne est impensable, elle doit participer et se sentir impliquée.

La feuille de route devra inclure impérativement la réponse à ces deux questions à partir desquelles il sera possible de définir la gouvernance et d'édicter les règles s'y afférant :

- Une Europe pour quoi faire ?
- De quelle Europe veut-on ?

Quelle forme devra prendre l'Europe ? Il faut se résoudre à aborder l'épineuse question de l'Europe des États ou de l'Europe des Nations d'où découlera la gouvernance appropriée.

Si l'Europe à 12 était gérable, l'Europe à 27 est trop morcelée, constituée d'États qui n'ont rien à voir entre eux, ou qui n'ont pas fait l'effort de s'intégrer à l'Europe. Il apparaît nécessaire, dans un premier temps, de restreindre le nombre d'adhérents, ou de prévoir une Europe à plusieurs vitesses en fonction de l'état de la situation des adhérents. Des règles strictes d'adhésion devront être élaborées.

La gouvernance la mieux adaptée est un Exécutif, avec à sa tête une Présidence unique dont la ou le titulaire sera désigné par les pays membres pour une durée de quatre ans au minimum, sans présidence tournante ni présidence du Conseil européen. Une seule Présidence suffit, un exécutif bi ou tricéphale n'est pas acceptable si l'on aspire à une Union réelle. Cette Europe, ainsi constituée, devra se doter des éléments régaliens lui permettant de parler d'une seule voix sur la scène internationale, à savoir un ministre des Affaires étrangères et une défense européenne.

Pour assurer cette cohésion, l'Euro doit être accepté par tous et devenir la monnaie unique avec, en corollaire, l'harmonisation fiscale entre les états membres. Il importe que cette monnaie devienne le véhicule d'échange commun à tous les états membres sans exception.

Les législateurs européens devront s'appliquer à simplifier les règles afin de les rendre plus compréhensibles et plus efficaces et donc plus aisément contrôlables. Les mécanismes de prises de décision devront être revisités pour toujours plus de clarté et de simplification en évitant les accords du moins-disant.

Ce faisant, l'Europe ne pourra plus être qualifiée « *d'objet politique non identifié* » comme aimait à la caractériser Jacques Delors. La nouvelle Europe, ainsi formée, rayonnera et proposera une alternative au néo-libéralisme. Elle conservera son savoir-faire, tout en préservant sa diversité, la richesse de ses cultures et de ses langues. La nouvelle Europe prônera une croissance harmonieuse, c'est-à-dire respectueuse de l'être humain et de l'environnement.

Quand des Européens convaincus auront élaboré la nouvelle Union Européenne, un grand pas aura été franchi. C'est possible si, de surcroît, les hommes et les femmes sont animés d'un même état d'esprit et du même enthousiasme pour faire, de l'Union Européenne, le nouveau projet mobilisateur qui incarne une nouvelle logique et une nouvelle âme face au reste du monde. L'Europe ainsi forgée, forte de son unité dans la diversité, sans renier son passé, sa culture, sa raison d'être, sera mieux à même de rayonner, de défendre ses valeurs et de mettre en application les règles nécessaires au bon fonctionnement de notre planète. Elle offrira une alternative au monde à la dérive, tout en étant mieux armée pour affronter les potentiels prédateurs qui chercheraient à empêcher sa formation. Les États-Unis se désintéressent de l'Europe sauf à l'empêcher de se former comme le montre le peu d'intérêt qu'ils ont porté à la célébration des 20 ans de la chute du mur de Berlin avec l'absence remarquée de son président Barack Obama ou nous incitant à incorporer la Turquie afin de donner à l'Europe non encore constituée un nouvel os à ronger.

CONCLUSION

Le 10 mai 1981 sonne le glas de la prospérité de la France. François Mitterrand ouvre grandes les portes aux agitateurs de mai 68. Dès lors la gauche va s'arroger tous les pouvoirs en détruisant toute volonté d'alternance. Sur le plan marketing, être de gauche, c'est plus vendeur, ça pose et ça fait bien : les bobos parisiens en raffolent. Cette gauche a utilisé tous les artifices de mai 68 pour arriver au pouvoir, a endoctriné, façonné deux générations à son image, en fonction de son propre intérêt. Avec le laxisme ambiant, l'entre-soi, l'insulte pour tous ceux qui avaient le malheur de ne pas être de son avis, qui, par lassitude ou lâcheté, finissaient par abandonner. C'est ainsi que la droite s'est couchée en se pliant à son bon vouloir.

Cette gauche s'est évertuée à déconstruire tout ce que ses prédécesseurs avaient bâti. Tous les gouvernements, sous la férule de la gauche, ont sabordé le navire France. Les résultats sont accablants : désindustrialisation, dette abyssale, baisse du niveau scolaire, laïcité mise à mal avec la bienveillance du Conseil d'État, croissance d'une immigration illégale, diffusion de l'Islam radical. Les attentats se sont multipliés et la sécurité est mise à mal.

Outre les dégâts occasionnés sur le plan économique, culturel et sécuritaire, les institutions de la Cinquième République ont été bafouées. La démocratie a été mise en échec : à deux reprises les résultats des référendums n'ont pas été respectés.

Pour s'en sortir il faut un choc, changer de paradigme, renouveler la gouvernance et retrouver les repères de la confiance avec la rigueur, l'équité et le respect. Il faut mettre fin au dogmatisme au profit du pragmatisme pour s'attacher à résoudre les problèmes en privilégiant les actions en prises avec la réalité.

Table des matières

INTRODUCTION	5
LE LEGS	
Du Général de Gaulle	8
De Georges Pompidou	16
L'intermède VGE	21
MAI 68 : LES PRÉMICES	
Les Faits : Rappel des évènements	25
Les Raisons du Débordement	37
Les Conséquences	41
LA GAUCHE AU POUVOIR	
Le Président François Mitterrand	47
Le Renégat Jacques Chirac	60
Le Velléitaire Nicolas Sarkozy	68
Le Troublant François Hollande	72
Le Camelot Emmanuel Macron	80
BIILAN DE CETTE GAUCHE	
C'est une France Détruite, Malade	90
Malade de son Atavisme Révolutionnaire	94
Malade de l'Impéritie de ses Élites	96

Malade de ses Politiques 99
Malade de ses Médias 101
Malade de ses Préceptes 102

HALTE Á LA CHUTE FINALE

Pour Réussir Il Faut un CHOC 108
Renouveler la Gouvernance 109
Retrouver nos Repères pour Reprendre Confiance 114
Un Projet pour une Nouvelle Europe 120

CONCLUSION 127